U0097783
金星出版
命理生活新智慧・叢書
VENUS PUBLISHING CO.

VENUS PUBLISHING CO.
金星出版
命理生活新智慧・叢書

命理生活新智慧・叢書 122

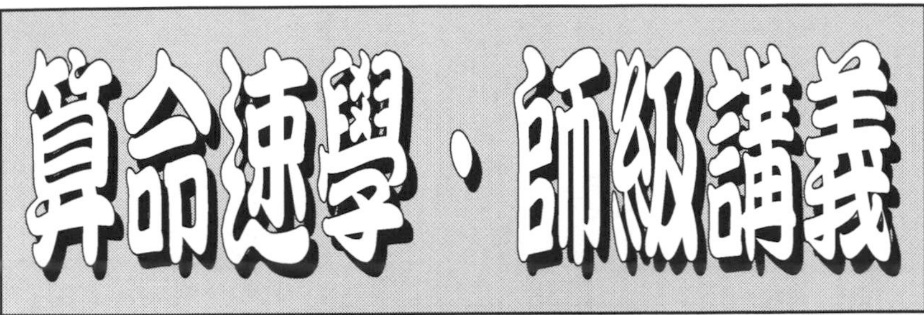

金星出版社 http://www.venusco555.com
E-mail: venusco555@163.com
venusco@pchome.com.tw
法 雲 居 士 http://www.fayin777.com
E-mail: fayin777@163.com
fatevenus@yahoo.com.tw

法雲居士⊙著

國家圖書館出版品預行編目資料

算命速學．師級講義／ 法雲居士著，
--臺北市： 金星出版：紅螞蟻總經銷，
2012年5月 初版； 面 ；公分—
（命理生活新智慧叢書；122）

ISBN 978-986-6441-69-1（平裝）

1.紫微斗數

293.11 101003535

算命速學、師級講義

作　　者：法雲居士
發 行 人：袁光明
社　　長：袁光明
編　　輯：王璟琪
總 經 理：袁玉成
地　　址：台北市南京東路三段201號3樓
電　　話：886-2-2362-6655
傳　　真：886-2-2365-2425
郵政劃撥：18912942金星出版社帳戶
總 經 銷：紅螞蟻圖書有限公司
地　　址：台北市內湖區舊宗路二段121巷19號
電　　話：(02)27953656(代表號)
網　　址：http://www.venusco555.com
E-mail：venusco555@163.com
venusco@pchome.com.tw
法雲居士網址：http://www.fayin777.com
E-mail：fayin777@163.com
fatevenus@yahoo.com.tw

版　　次：2012年5月　初版　2020年1月加印
登 記 證：行政院新聞局局版北市業字第653號
法律顧問：郭啟疆律師
定　　價：480元

行政院新聞局局版北字業字第653號
(本書遇有缺頁、破損倒裝請寄回更換)
版權所有・翻印必究

投稿者請自留底稿
本社恕不退稿

ISBN：978-986-6441-69-1（平裝）
＊本著作物經著作人授權發行，包括繁體字、簡體字。
凡本著作物任何圖片、文字及其他內容，均不得擅自重製、仿製或以其他方法加以侵害，否則一經查獲，必定追究到底，絕不寬貸。
（因掛號郵資漲價，凡郵購五冊以上，九折優惠。本社負擔掛號寄書郵資。單冊及二、三、四冊郵購，恕無折扣，敬請諒察！）

序

這本『算命速學、師級講義』是專門為給想學算命，又急著想達到老師級程度內涵的人所編寫的一本講義教材。很多人來跟著我學習『紫微斗數』。但這些學生中最常問我的一句話，就是：『老師，有沒有那一本書一看便能完全通曉算命之事，而且要程度很強、很棒的那麼一本書，介紹給我們看嘛！

既然大家都那麼渴望有這樣神奇的一本書的出現，因此我就親自編寫一本，好讓大家達成所願。

通常，要學厲害的算命，沒有個二、三十年的歷練，是難以成大器的，但是，現代的文化講究速食，是『速食文化』，經濟體系又是

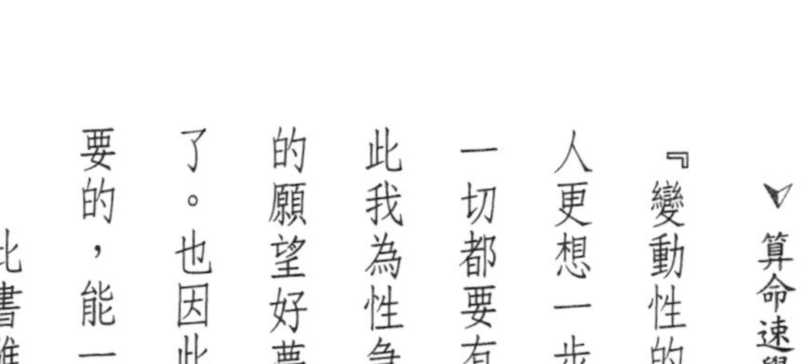

『變動性的經濟』，很多人也都想無師自通的學一些『算命技巧』。有些人更想一步登天的成為大師型的算命師。有這樣的目標不能說不好，但一切都要有所本，要有所根基，才能在這個物基上堆磊目標和希望。因此我為性急成師的人，編寫這一本『算命速學、師級講義』。讓學習者的願望好夢成真。只要看一本很棒的書，就能通曉算命之事而成老師了。也因此我在這本書中放入了許多精華命理知識，去蕪存菁的專挑重要的，能一目瞭然又能解決問題的題目講。

此書雖是從論命的基本型態說起，但能讓讀者迅速從一個對紫微論命一竅不通的人，快速的進入情況，繼而熟知一切算命法則的一本書。因此，大家都可利用它，馬上對自己產生信心，繼而對自己和別人也都能有成就感。

天下所有的知識，也並不是學得久才是好的，一定要有好老師、好師傅教你精要的東西，教給你真正的『訣竅之物』，才能使你掌握該知識的精神，真正把它學通了，用正了地方。在此，我以此本精心製作編寫的『算命速學、師級講義』獻給所有對紫微命理有興趣，又一心想學好的人，祝您們心想事成！

法雲居士　謹識

法雲居士

◎紫微論命
◎八字喜忌
◎取名、改名
◎代尋偏財運時間

賜教處：台北市中山北路2段115巷43號3F-3
電話：(02)2563-0620
傳真：(02)2563-0489

命理生活叢書122

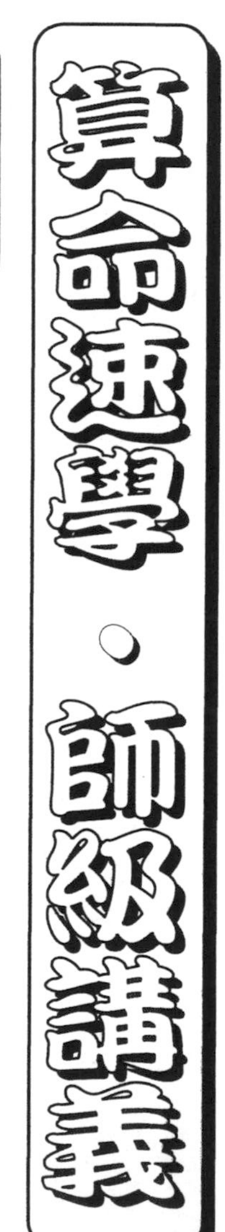

目錄

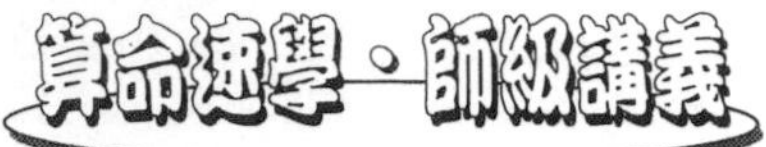

紫微命理學苑

法雲居士 親自教授

- **紫微命理專修班**
  - 初級班 :12 堂課
  - 中級班 :12 堂課
  - 高級班 :12 堂課
- **紫微命理職業班**

地址：台北市中山北路2段
115巷43號3F-3
電話：(02)2563-0620
傳真：(02)2563-0489

前言

這本『算命速學、師級講義』的書，既是一本快速入門書，也是一本工具書，可以快速的讓你找到自己想要知道的命理知識，快速的解釋自己心中的疑惑和命理現象。

現今網路資訊發達，有很多網站提供免費列印『紫微命盤』的服務，因此大家可略過繁複的排盤步驟，直接進入解釋命理現象的範圍之內。這也應和了現代人匆忙急迫的心理，好讓大家直接來為自己算命，也快速精準的預測未來，因此這本書同時也是能防微杜漸、防範災禍，又能計劃安排規劃未來，可提昇人生生活層次和境界的一本書。

這本『算命速學、師級講義』，尤其是將每個人的人生中常遇的問

算命速學・師級講義

題做精確性、精簡性、規劃性的解釋分析，讓大家一下子就能快速整理出頭緒，也能快速的預測到人命中的重要關鍵事物。

『算命速學、師級講義』這本書，就是要讓你算得準！又算得快！還會瞭解一些宇宙自然的定律！還會讓你算出人生的精彩高潮時段和萎靡低潮的時段。好讓你即時掌握精彩資訊，順利平安的度過低潮時段。你就掌握了人生穩贏的贏面！人生是由無數的機率、機遇所組成的。

這本『算命速學、師級講義』，就是讓你瞭解及掌握人生中大小機遇的一本書。有了這本對人生有決定性影響的書後，你就能把握未來，和成功定律緊密結合在一起。這就是我寫這本書的宗旨了！

第一章　決定紫微命格的關鑑——

第一步　印出命盤

很多剛想要進入算命行列的人，或是剛好身邊發生事情，想要找解決方法的人，通常都急於要知道如何解決某些重要事情的結果。有時候不方便找人問，有時又害怕被江湖術士騙，有時也會因現今算命的價錢太貴，負擔不輕。因此最好自己學會算自己的命，就凡事不求人了。

算命難不難？一點也不難！十分容易。現在告訴你一個更簡單的方法來學算命。那就是先到網路上，網站上的免費印紫微斗數命盤的地方，把紫微命盤印出來。再參考本書的解釋，就十分容易的把你想要的問題解決了。

有的人會問，那我為何不用網路上的線上算命機制來算命？不是更快？

那你去試試看！看看你想要知道的答案是否會在裡面？因為普通『線上立即算命』的功能，在業者製作時，都不會做太精細的資料庫，而是做一個大概的、粗簡的資料庫（因資料庫常要更新、人力財力資源都耗費大），而且『線上立即算命』的功能價格較便宜（不能太貴，主要是吸引年青好玩心理的人來光顧的），因此你是無法有清楚精細的解釋的。

例如：『紫貪坐命』的解釋，他們就會分別把『紫微、貪狼』兩顆星的解釋拉過來、湊在一塊，秀給你看。但常相互有衝突，解釋得莫名其妙！『紫貪坐命』，是一種特殊命格，他和『紫微坐命』的人不一樣，也和『貪狼坐命』的人也不一樣，不能統一規格來處理。

此外，例如有官非的人，要判斷當月是否能過得去？例如有債務的人，那一年那一月能還清債務？例如想要參加考試的人，命中率有多少？例如未婚、晚婚者何時有戀愛運、婚姻運？例如想升官的人，何時會升官、升職、加薪？例如想做老闆的人，那一年自己創業、開業才會一舉成功？例如想要找工作的人，那一個月才會找到工作，能穩定下來？

因此想要真正解決自己人生種種問題的人，想要靠網路上便宜的『線上算命』機制來解決問題是根本行不通的。你只有靠自己的聰明才智，懂得利用網路資源和實用的書籍共同來相互應用，才能真正把智慧變成你自己的智慧。

現在呢！就告訴你如何進入快速算命的步驟和有用的、能印命盤的網站。

算命速學・師級講義

有用的、能印命盤的網站

一 用網路搜尋器搜尋

泛中文型：金星出版社網站

泛中文型：法雲居士網站

※『泛中文型』是指繁體、簡體皆通用

(目前中國大陸的讀者因為有網路封鎖的關係，是故很多台灣網站無法進入、看不到，不過你也可利用當地各種印命盤的資源來達成)

二 進入網站：點『印命盤』

出現輸入生日『年月日』的畫面，請輸入你的生日『年月日時』，印出命盤。

三 命盤中有十二種紫微命盤格式

每種命盤格式皆以『紫微星』所在之宮位來稱呼之。

例如當你的命盤中，『紫微』在子宮時，你的命盤格式就會被稱為『紫微在子』命盤格式。那在你命盤中十二宮位中的主要星曜就固定了。只是看你的命宮坐落何宮而定了。

例如當你的命盤中『紫微星』在申宮時，你的命盤格式就稱為『紫微在申』命盤格式。那你的命盤中的十二宮位中之主星也已固定了。只是看你的命宮坐落於何宮而定了。

『命盤格式』決定時，命盤中各主星的位置已決定，旺弱已固定。因此主星的旺弱陷落，請參考下面『命盤格式』星盤中已標明星曜的廟、旺、平、陷旺度，此旺度也決定星曜的吉凶善惡。

接下來，你就可以用自己的命盤來對照書中的資料來算命了。

算命速學、師級講義

十二個命盤格式的基本型態如下：

1.紫微在子

太陰(陷) 巳	貪狼(旺) 午	天同(陷) 巨門(陷) 未	武曲(得) 天相(廟) 申
廉貞(平) 天府(廟) 辰			太陽(平) 天梁(得) 酉
卯			七殺(廟) 戌
破軍(得) 寅	丑	紫微(平) 子	天機(平) 亥

2.紫微在丑

廉貞(陷) 貪狼(陷) 巳	巨門(旺) 午	天相(得) 未	天同(旺) 天梁(陷) 申
太陰(陷) 辰			武曲(平) 七殺(旺) 酉
天府(得) 卯			太陽(陷) 戌
寅	紫微(廟) 破軍(旺) 丑	天機(廟) 子	亥

3.紫微在寅

巨門(旺) 巳	廉貞(平) 天相(廟) 午	天梁(旺) 未	七殺(廟) 申
貪狼(廟) 辰			天同(平) 酉
太陰(陷) 卯			武曲(廟) 戌
紫微(旺) 天府(廟) 寅	天機(陷) 丑	破軍(廟) 子	太陽(陷) 亥

4.紫微在卯

天相(得) 巳	天梁(廟) 午	廉貞(平) 七殺(廟) 未	申
巨門(陷) 辰			酉
紫微(旺) 貪狼(平) 卯			天同(平) 戌
天機(得) 太陰(旺) 寅	天府(廟) 丑	太陽(陷) 子	武曲(平) 破軍(平) 亥

5.紫微在辰

天梁(陷) 巳	七殺(旺) 午	未	廉貞(廟) 申
紫微(得) 天相(得) 辰			酉
天機(旺) 巨門(廟) 卯			破軍(旺) 戌
貪狼(平) 寅	太陽(廟) 太陰(廟) 丑	武曲(旺) 天府(廟) 子	天同(廟) 亥

6.紫微在巳

紫微(旺) 七殺(平) 巳	午	未	申
天機(平) 天梁(廟) 辰			廉貞(平) 破軍(陷) 酉
天相(陷) 卯			戌
太陽(旺) 巨門(廟) 寅	武曲(廟) 貪狼(廟) 丑	天同(旺) 太陰(廟) 子	天府(得) 亥

7.紫微在午

天機(平) 巳	紫微(廟) 午	未	破軍(得) 申
七殺(廟) 辰			酉
太陽(廟) 天梁(廟) 卯			廉貞(平) 天府(廟) 戌
武曲(得) 天相(廟) 寅	天同(陷) 巨門(陷) 丑	貪狼(旺) 子	太陰(廟) 亥

8.紫微在未

巳	天機(廟) 午	紫微(廟) 破軍(旺) 未	申
太陽(旺) 辰			天府(旺) 酉
武曲(平) 七殺(旺) 卯			太陰(旺) 戌
天同(平) 天梁(廟) 寅	天相(廟) 丑	巨門(旺) 子	廉貞(陷) 貪狼(陷) 亥

9.紫微在申

太陽(旺) 巳	破軍(廟) 午	天機(陷) 未	紫微(旺) 天府(得) 申
武曲(廟) 辰			太陰(旺) 酉
天同(平) 卯			貪狼(廟) 戌
七殺(廟) 寅	天梁(旺) 丑	廉貞(平) 天相(廟) 子	巨門(旺) 亥

10.紫微在酉

武曲(平) 破軍(平) 巳	太陽(旺) 午	天府(廟) 未	天機(得) 太陰(平) 申
天同(平) 辰			紫微(旺) 貪狼(平) 酉
卯			巨門(陷) 戌
寅	廉貞(平) 七殺(廟) 丑	天梁(廟) 子	天相(得) 亥

11.紫微在戌

天同(廟) 巳	武曲(旺) 天府(旺) 午	太陽(得) 太陰(陷) 未	貪狼(平) 申
破軍(旺) 辰			天機(旺) 巨門(廟) 酉
卯			紫微(得) 天相(得) 戌
廉貞(廟) 寅	丑	七殺(旺) 子	天梁(陷) 亥

12.紫微在亥

天府(得) 巳	天同(陷) 太陰(平) 午	武曲(廟) 貪狼(廟) 未	太陽(得) 巨門(廟) 申
辰			天相(陷) 酉
廉貞(平) 破軍(陷) 卯			天機(平) 天梁(廟) 戌
寅	丑	子	紫微(旺) 七殺(平) 亥

第二章　算命新紀元—命盤觀看法

倘若你是第一次看到、拿到自己的『紫微命盤』的人，通常都有點內心忐忑不安，往往一眼看過去，都看到一些奇怪的、陌生的名詞，像『七殺』、『擎羊』、『破軍』、『大耗』等星，會讓你覺得古怪又不自在。但當你進入稍為瞭解一點的算命廳堂時，你就會漸漸習慣，並覺得星曜叫這種名字是十分有趣的了。

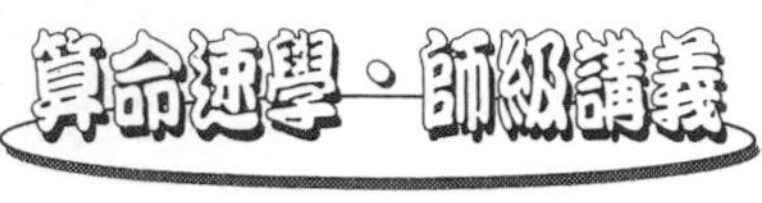

觀看命盤的第一個步驟

首先要檢查所拿到的命盤上的生日，『年、月、日、時』是否是印對了。要確定此張命盤到底是不是自己的。

觀看命盤的第二個步驟

要看你命盤上的『紫微星』落在那一個宮位，在命盤上有十二個格子，代表十二個宮位圍成一圈。每個方塊格子為一個宮位。每個宮位的右下角，有代表地支宮位的名稱。如範例：『紫微、天府』同在寅宮出現，因此此命盤稱做『紫微在寅』命盤格式。

『子、丑、寅、卯、辰、巳、午、未、申、酉、戌、亥』等宮位位置是固定，只有宮位中的天干會變化，有不一樣的時候，這是定命宮天干所算出來的。

例如：此張命盤主人是甲年生人，故寅宮天干是『丙寅』。

子女宮 巨門 己巳	夫妻宮 廉貞 天相 地劫 庚午	兄弟宮 天梁 辛未	命宮 七殺 火星 壬申
財帛宮 貪狼 天空 戊辰			父母 天同 右弼 癸酉
疾厄宮 太陰 擎羊 文昌 丁卯			福德 武曲化科 鈴星 <身> 甲戌
遷移宮 紫微 天府 祿存 丙寅	僕役宮 天機 陀羅 丁丑	官祿宮 破軍化權 陰煞 丙子	田宅 太陽化忌 文曲 乙亥

範例：曉得是何種基本格式的盤局之後，只要知道命宮坐於何宮，便可立即知道命宮主星，及各宮位的主星，以及各星的旺弱了。

『紫微在寅』命盤格式中各星旺度

巨門(旺) 巳	廉貞(平) 天相(廟) 午	天梁(旺) 未	七殺(廟) 申
貪狼(廟) 辰			天同(平) 酉
太陰(陷) 卯			武曲(廟) 戌
紫微(旺) 天府(廟) 寅	天機(陷) 丑	破軍(廟) 子	太陽(陷) 亥

命盤格式決定了，基本上你命盤上各宮的星曜旺度已決定了。只是再加上以年干為主的四化星『化權、化祿、化科、化忌』和『羊、陀、祿存』，以及以生月來排定的『左輔、右弼』，以生時來排定的『文昌、文曲、天空、地劫、火星、鈴星』等。

觀看命盤的第三個步驟

先要找出『命宮』所在之宮位，並檢視『命宮主星』有那些。

再找出『命、財、官』（命宮、財帛宮、官祿宮）的組合，這三個宮位是在呈三角形的位置鼎足而立存在的。

『命、財、官』的三合宮位是可看：①人生格局②性格③運程起伏等問題。看人生格局時，要看『命、財、官』其中一個宮位凡是有『太陽』、『太陰』、『巨門』、『天機』、『天同』、『天梁』等，只要有上述其中一顆星在內，**其人便是『機月同梁』格的人。**為上班族、薪水族的人。

其人若再有『陽梁昌祿』格，可做高級公務員，或固定上、下班、生活規律的老闆。

倘若『命、財、官』中任何一個宮位中有『七殺』、『破軍』、『貪狼』等星出現，你就屬於『殺、破、狼』命格的人。如果『命、財、官』中有『紫微』、『廉貞』、『武曲』等星存在，其實你是屬於財多一點的『殺、破、狼』系列命格的人。你也非常的會打拚，人生有積極努力的奮鬥面，你所享受的是：事業上和物質上的快樂感覺。

看人性格時，屬於『機月同梁』格局的人，會性格較溫和柔弱、慢一點，**屬於『殺、破、狼』格局的人，**性格較積極、強悍，做事速度快一點。也要看其有無『刑印』格局，是否會懦弱、受人欺負？

在看運程起伏變化時，『命、財、官』三合宮位的星曜為吉星居旺時，其人一生較平順、較富裕，不會為錢財煩心，工作也穩定，容易有成就。『命、財、官』中的星曜為財星居陷或凶星入座時，其人一生較辛苦、貧窮，人生無成就，工作也易不穩定。

觀看命盤的第四個步驟

觀看『夫、遷、福』（夫妻宮、遷移宮、福德宮）一組的三合宮位。並檢視其中星曜的吉凶以及有無任何的格局在其中。

『夫、遷、福』等三合宮位代表的是外在環境（遷移宮）的影響，和內心潛在意識（夫妻宮）的衝突後，就是你所剩下來的可享用的『福德宮』的福氣。

觀看命盤的第五個步驟

此時，你可依據你想知道的問題，逐一去檢視相關的宮位。例如想知道財富多寡的，便看『財、福』二宮的吉凶。想知道財庫是否豐滿的，要『子、田』二宮（子女宮、田宅宮）一起看。要知道同事、平輩相處，或合夥問題的，就要以『兄弟宮、僕役宮』一起看了。要知道事業運的，就要『官祿宮、夫妻宮』一起看了。要知道身體健康和病痛的，要以『疾厄宮、父母宮』都一起看。女子以『田宅宮』為生殖系統的子宮，『田宅宮』不好的人，子宮定有問題，百試不爽。

觀看命盤的第六個步驟

此時，要找出目前大運座落的宮位，或是自己想知道的、未來的大運宮位，便能預卜十年吉凶。亦或是依屬相來找流年宮位。雞年就看酉宮，狗年就看戌宮。亦或再『精算流年、流月、流時』，所有的時間便都在你的掌握之中了。

第三章　算命祕訣，盡在其中

1. 命宮的內容訣竅觀看法

命宮中出現的星曜會具有的意義有很多重意義。主要會表現出一個人的性格、強悍或柔弱、溫和或衝動。思想模式（大而化之或精細縝密），以及身體外觀的長相、身體高矮胖瘦、氣質斯文或粗俗，以及聰明或愚笨、或是做事是否拖拖拉拉或乾脆、是陽奉陰違，還是唯唯諾諾？更可瞭解其人在思想和行動上的速度感之快慢。更可看脾氣好壞，以及命中財富的多寡、對人處事的圓通力，以及在人命運轉折的關鍵點上是奮發力？還是阻礙折損的消耗？更可看出此人性格上是光明面、陽光面多的，還是陰暗面、鬱悶性格多的。

『命宮』像人的頭部，其實『命宮』中的主星定了，而且『命宮』的宮位位置定了，人一生的命運也大致已固定了。

紫微星獨坐命宮

『紫微星』獨坐命宮的人，必定會在子宮或午宮。『紫微』在午宮居廟，在子宮居平。因此以命坐午宮的人，一生命格較幸運、命好。命坐子宮的人，只是一般普通人之命。

『紫微坐命』的人，標準身材是面型方圓、不太高、身材厚實、腰背多肉、形貌敦厚，受人尊敬，對人也能有禮貌，凡事小心謹慎、謹守規矩，有自大和自以為尊榮的驕傲，喜歡做事業，不太能與人推心置腹，是故，知心朋友難尋，性格強硬、愛管事，為領導型人物。

『紫微』有平復災厄、解惡星祥的功能，桃花重、艷遇多，但感情生活多不順暢，如有『空、劫』，或『化忌』同宮或相照，則無桃花，會精神空虛，亦可做宗教領袖。

『紫微坐命』者，『紫微』是帝座，主貴、不主財，其財祿只是一般平順之財富，不會為大財主之財富。如果有『擎羊』在『命、遷』（遷移宮）二宮出現時，為『奴欺主』的格局，其人會陰險、懦弱，也易工作成就不高，或不工作，或工作斷斷續續。如果有『火星、鈴星』在『命、遷』二宮出現時，其人會性格急躁、火爆、想得多，做的少，東想西想，內心不清閒、煩悶，煩惱多，易得憂鬱症，但會有暴發運，就是在子年或午年會爆發，這是『火貪格』或『鈴貪格』的暴發運，會獲得大財富。但相對的『火星』或『鈴星』也會刑剋到『紫微』的本質，人的氣質會較粗俗，貴氣沒那麼高了。

●**如果有『祿存』在『命、遷』二宮出現時，是『孤君格局』**，其人會保守、內向，較孤獨、懦弱，因被『羊陀所夾』（父母宮有擎羊、兄弟宮有陀羅），與家人關係不好，容易獨自生活，會有平常人平順的生活之資，也不會大富。

●**有『紫微化權』坐命的人**，其人必是壬年生的人，**其財帛宮必有『武曲化忌、天相』**，其人會性格剛強，愛掌權，但理財能力不佳，必有財務、債務危機，一生只是在平復生活中的艱難貧窮日子而已，但也無法使財力打平。

●**有『紫微化科』坐命時**，是乙年生的人，表示很有方法平復一些災厄或不吉之事。因其人會在財帛宮或福德宮有『陀羅』，表示其人耗財凶或進財慢，所以需要其人有能力來平復料理一些善後之事。

『紫微、天府』在命宮

『紫微、天府』在命宮中的人，稱『紫府坐命』的人，在寅宮的『紫府坐命』者，因命局中有『日月反背』的格局，故運氣會比在申宮的人差一些。在申宮的『紫府坐命』者，在性格上較開朗，而且本命會財多一點，做人也圓融一些、桃花多一些。

坐命寅宮的人，幼年家境較窮，身體較弱，未來會因賺錢問題離家發展。**命坐申宮的人，**幼年家境略好一點。

凡是『紫府坐命』者，皆性格保守，重視錢財，以及重視物質生活享受，精神上較空虛。為人會孤高或孤傲。外表忠厚老實，但感情會不順，**因夫妻宮為『破軍』，**易看上與自己性格不同的人，也易有多次婚姻。人生中之破耗常在感情或婚姻上。容易養前夫、前妻或前面婚姻中所生之子女。

『**紫府坐命**』**者，**只要不是壬年及癸年生的人，都會在錢財上有暴發運，一生富足多金。**但『夫、官』二宮有『文昌』、『文曲』等星的人，**也會是窮命，因『文昌』和『文曲』和夫妻宮的『破軍』，會形成『窮』的格局，故其人會內心清高，找到較窮的配偶，但老是不富裕。

『**紫府坐命**』**的人，喜歡買賣東西，及精緻的生活物品，**或做高級享受，性格對外人較吝嗇小氣，但會對認定的自己人較肯花錢，會有長輩型的友來襄助事業及生活。

●**如果有『祿存』同宮在命宮時，**其人會膽小怕事、保守懦弱，與父母、兄弟不和，也容易早日離家，自謀生活，其人會更重視金錢，對別人更小氣、吝嗇，但一生所賺之財富也很有限了。

●**如果有『陀羅』同宮時，**其人會性子慢，做事慢吞吞，或有些笨。也會耗財、刑財，使本命可享受的財減少，沒那麼多了。其人外表長相也會悶悶的，有點笨。

●**有『火星、鈴星』同宮時**，會性子急，不夠穩定。這也是『刑財』的特徵，亦會有躁鬱症。

●**有『天空、地劫』同宮時**，其對宮（遷移宮）也會有另一個『地劫』或『天空』來相照，表示你常頭腦空空，也不知道如何出外打拚，會思想不實際，或常白做一些努力。因此你要早點結婚，有配偶幫你出主意，你較能抓得住方向、目標，否則你的人生會容易糟遢掉了。

『紫微、天相』在命宮

『紫相坐命』的人，外表氣派、穩重、溫和，但內在受對宮（遷移宮）『破軍』的影響很大，因環境較破、複雜，或家庭、親友間關係複雜，或家中不富裕，或環境中多品行不佳之人，命宮又坐於辰、戌天羅地網宮，故其人易情緒波動大、不穩定，也易有叛逆性，常改變想法和主張。也常易有『有志未伸』之感。

一般來說，『紫相坐命』者，一生錢財順利，大多為公務員，可做到中等管理階級的職位，也常與上司不合。除非八字好，帶財多，可做老闆。其人會懦弱陰險，一生掌不了權，也很難出名或有成就。容易被人欺侮，一生也唯唯諾諾，平凡以終，還易窮困。

『紫相坐命』者，壬年生，命宮有『紫微化權、天相』的人，為窮命命格，一生為錢財拼命，但給終辛苦、難熬，性格又剛愎自用，無法聽別人意見，又花錢花得凶、更增負債。因其財帛宮為『武曲化忌』之故，因此有錢財上的問題是非。

『紫相坐命』者，也不能是子時或午時生的人，會有『文昌、文曲』在『命、遷』二宮相照，和遷移宮的『破軍』，又形成『窮』的格局和水厄（因水而亡）的災難。因此終身會不富。亦要小心有『天空、地劫』在命宮、福德宮或財帛宮、遷移宮出現，以防因思想清高、不實際而賺錢少，本命也會財少。

●**有『火星、鈴星』入『命、遷』二宮時**，要小心因急躁、衝動而破耗，也會一生的成就不高，會做事做做停停，沒有持續性，而難成功。

●**有『文昌化忌、文曲化忌』入『命、遷』二宮時**，都是窮又有災厄的命格。

●**有『紫微化科』入命宮時**，是乙年生人，會有『擎羊』在辰宮出現，因此會形成『刑印』格局，仍是懦弱陰險之人，會很有方法的懦弱陰險。仍對人不利。

『紫微、貪狼』在命宮

『紫貪坐命』的人，會外表氣派、美麗、身材好，在外人緣好，處處討異性喜愛、桃花重，為『桃花犯主』之格局，有『天空、地劫』在『命、遷』二宮出現為佳，較會走正途，中晚年會入宗教。

『紫貪坐命』的人，口才好，易受上司器重，較會拍馬屁、自以為是，也容易染上酒色財氣，容易結交權貴，也容易吃虧後對人翻臉無情。

『紫貪坐命』的人，若命格中有『陽梁昌祿』格的人，命格主貴，命格較高，一生的知識水準較高。如果桃花星多，本命又多刑剋，容易為色情損害自己前程，或因自己的行為荒唐而傷害或影響到配偶的前程。

『紫貪坐命』者，財帛宮是『武破』（武曲、破軍），官祿是『廉殺』（廉貞、七殺），表示在錢財上賺錢少，花錢多，不會理財。事業上是做打拚辛苦的行業，做軍警業最好。其人最好的，**就是夫妻宮是『天府』，**大多會尋找到較富裕的配偶，能為他們打平財務問題，供給他們花用。**還有田宅宮是『天梁居廟』，**表示有長輩或國家照顧，會給他們房地產為財產。家中也會有長輩照顧生活，十分愜意。

『紫貪坐命』者，最怕『命、遷』二宮有『文昌』或『文曲』出現，為頭腦糊塗、政事顛倒之人，一生也難有大成就了。最多人外表長相氣派一點，或斯文一點，其他方面較無用。

●**有『火星、鈴星』入『命、遷』二宮的人，**會性格怪異，有暴發運，外表長相粗獷，性子急躁，一生大起大落，和別人相處不真誠，也易有躁鬱症。其人會愛時髦用品，耗費錢財更快。

●**有『擎羊』入『命、遷』二宮的人，**表示是『刑運、刑貴、刑福』的格局，你會內心易煩悶、煩惱，常看不清楚自己前面的路途。也會常懶洋洋不想做事或努力。你更會用一些心機，惹起一些是非，損人也不利己。

●**有『祿存』同宮時，**表示你內心保守、膽小、吝嗇，一生不會有大格局，有衣食無憂的生活。你也不喜歡和人多來往，人生不會有太大的成就。

●**有『天空、地劫』同宮時，**表示你內心較清高，也會不實際。你會不重視錢財，把錢看得淡。同時你的桃花少，不易結婚，你的性格會正派，讓人尊敬。但工作機會也會相對減少，要多外出或與人聯絡，才不會孤獨或沒機會。

●**有『紫微化權、貪狼』入命宮時，**你的財帛宮有『武曲化忌、破軍』。你是強勢愛做主的人，喜歡當老闆，或做大事業，但必定會破產或欠下大筆債務。你不適合做生意，但你又彎不下腰來做夥計。因此你只有落在打理債務的日子之中了。

●**有『紫微、貪狼化忌』入命宮時**，你是個長相還氣派、美麗，但頭腦不清、人緣不好的人，一生也沒有太大的機會，人生是過平凡的生活而已。你的父母宮是『巨門陷落化權』，表示父母管你很嚴。你的財帛宮是『武曲、破軍化祿』，表示你常沒錢在找錢花。因此你若能結得了婚就靠配偶，若沒結婚就靠父母過活。

●**有『紫微、貪狼化權』入命宮時**，是己年生的人，你喜歡工作，也十分在工作上有好運，你會掌握桃花機會，男女關係會成為工作助力。但『夫、官』二宮會有『擎羊』進入，因此你的婚姻狀況不算美滿和諧。工作上也會有起伏、斷斷續續的情形。

●**有『紫微、貪狼化祿』入命宮時，**戊年生的人，你的人緣更好，桃花更重，為人圓滑，和女人的關係更親密，在賺錢上仍保守，因有祿存會在『財、福』二宮出現，又會有『擎羊』在『子、田』二宮出現，故更要小心財庫存不住錢，有財沒庫的情形。

『紫微、破軍』在命宮

『紫破坐命』的人，是外表長相氣派、大臉、大嘴，性格堅定，做事乾脆，言行大膽，大方，花錢很有氣魄，喜歡買精緻美麗、價格貴的東西，因遷移宮是『天相』，喜歡享受高價宜或物質規格高的享受。

『紫破坐命』者，財帛宮是『武曲、七殺』，官祿宮是『廉貞、貪狼』，表示其人一生不安定，要做很辛苦之事，但又賺錢少，職位低。而其人常對四周不滿意，與人合不來，對別人意見多，但又很容易認錯賠不是。

『紫破坐命』者多為藍領級的人。命格中財多或有『破軍化權』的人能主貴，會大起大落，但最終不富裕。

●**『紫破坐命』的人，有『文昌、文曲』同宮在命宮，或對宮（遷移宮）有『天相、文昌、文曲』同宮的人，**皆是外表美麗，但為窮命之人。一生桃花多，會靠異性生活吃飯，自己沒有工作能力，也不想工作。財運會隨運氣起伏不定。若再有『左輔、右弼』一同宮時，其人更為靠人吃飯，靠人生活之人。

●**有『擎羊』同宮時，**其人性格外表強悍，內心懦弱，會說風涼話，也容易一竿子壓倒一群人，但欺弱怕強，也容易被人欺負。因命宮之『擎羊』和對宮之『天相』，形成『刑印』格局，故也會懦弱無用，成不了大事。而且還會多憂煩，注意小節，因小失大，沒有成就。其夫妻宮會有『陀羅』，表示其人內心就是有一種笨的想法使然。

●**有『陀羅』同宮時，**其人外表會慢一點、笨一點，但不服輸，也容易說些壓倒眾人，引起眾怒的話。其福德宮有『擎羊、天府』，表示其人本命財少、財窮，故頭腦不好、較笨、較顢頇自大，讓人受不了或看輕。

●**有『火星』或『鈴星』同宮時，**表示會有突然破財或血光、破耗之事發生。其人會性格急躁、火爆，做事馬虎、快速，因此也會刑財、耗財快，會愛時髦或喜愛科技產品而花費錢財。但進財慢，也會有怪異聰明。小心會有躁鬱症。

●**有『天空』或『地劫』同宮時，**在命宮有一個『天空』同宮時，其人的財帛宮就會有另一個『地劫』出現。相對的，當命宮出現『地劫』時，其人財帛宮有另一個『天空』出現。這表示說，其人在思想上會不實際、清高，理財能力不好、計算錢財的能力不佳，因此在手中可掌握的錢財方面就會空了、少了。

●**有『紫微化權、破軍』在命宮時**，其人會長相氣派、做事大氣也很霸氣，但會破財凶，有財務問題。這是壬年生的人，財帛宮有『武曲化忌、七殺』，因此要小心因錢財問題遭殺身之禍。

●**有『紫微、破軍化權』在命宮時**，是甲年生的人，同時也會有『陀羅』在命宮或遷移宮出現。表示你會用有些笨的方法強力打拚。為人很操勞，因福德宮是『天府、擎羊』是『刑財』格局，表示你本命財少，打拚很賣力也賺不到什麼錢。而且你的子女宮有『太陽化忌』，易無子嗣，或與子女無緣，如此一來，財庫也易空虛，留存不住錢財了。

●**有『紫微、破軍化祿』在命宮時**，是癸年生的人，會有『擎羊』在命宮或遷移宮出現。『破軍化祿』本來就沒什麼財，是為人服務的財，又是為想花錢而找錢的財。再有『擎羊』，耗財、刑財更快。其人官祿宮會有『廉貞、貪狼化忌』。是故其人不太會工作，做也做不長，易東拉西湊，借貸過日子，常不工作。

『紫微、七殺』在命宮

『紫殺』入命宮的人，也是外表氣派、穩重，性格強悍，不喜歡人管他，會事業心強，喜歡做老闆、愛掌權。平常話不多，遇到談得來的人很健談。因其財帛宮為『武曲、貪狼』，為『武貪格』，有偏財運。其官祿宮為『廉貞、破軍』，表示會做複雜、零亂，或鬥爭多的工作。『紫殺坐命』者適合做經過反覆練習，或必須下苦功才會有成就的工作。

在巳宮的『紫殺坐命』比在亥宮的命格好，本命的財會多一點，成就也會好一些。一般『紫殺坐命』的人都性子較慢，思想速度和行動也沒別人快，做事也不算太聰明。**如果再有『陀羅』同宮時**，就會表現更笨了，做事也會拖拖拉拉不乾脆。**因福德宮有『擎羊』**，故更會有精神上苦悶或痛苦現象。

『紫殺坐命』者，因為命盤格式的關係，命盤中會有四個『空宮』，再加上『廉破』和『天相陷落』的運程，如果是陽年生的男子和陰年生的女子，會『順時針方向行大運』，則一生較坎坷，財運也不算好了，『逆時針行大運』的人會一生稍好一些。

●**若有『祿存』同宮時**，其人會性格保守、小氣，本身打拚的力量也不強了。會只為衣食溫飽而打拚。而且為羊陀所夾，和父母、兄弟不和，因此在家庭、感情、事業上都難有收獲了。

●**若有『火星』或『鈴星』同宮時**，表示性格急躁、脾氣怪異，喜

歡新鮮時髦的事，但做事馬虎、粗糙，會有一票、沒一票的工作，也會耗財多，存不了錢，或愛做漂亮事、不實際。亦要小心有躁鬱症。

●**若有『天空』或『地劫』同宮時**，表示其人思想清高、不實際，工作不長久，會高興時做一些格調高之事，不高興就不做。再有紫微化權同宮時，可做宗教界領導人，或寺廟住持，修道院之院長之職。

●**若有『左輔』或『右弼』在命宮中和『紫殺』同宮時**，其官祿宮會有另一個『右弼』或『左輔』和『廉破』同宮。表示其人本命是會有人來幫忙你打拚及平復一些事情的，但在工作事業上，也會有人來幫忙你愈搞愈破耗，或搞破爛，因此你會更增多辛苦、麻煩。

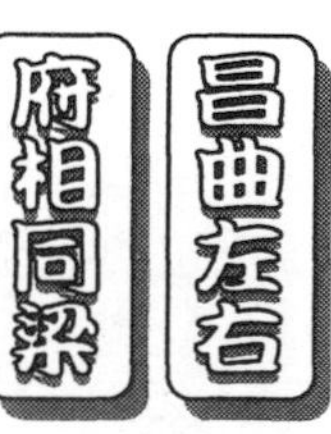

『天機星』在命宮

『天機單星』入命宮時，有三種現象：①天機在子、午宮居廟入命。②天機在巳、亥宮居平入命宮。③天機在丑、未宮居陷入命宮。

『天機』在子、午宮入命宮

『天機坐命』在子、午宮的人，中等身材，有時也會肥胖，性格精明，愛計較，勤勞且謹慎，頭腦動得快，性急、反應快、神經質、計謀多，也喜歡幻想和愛鑽牛角尖。做事常三分鐘熱度，常會有自恃聰明，反被聰明誤。因『兄、僕』二宮皆不佳，會自作聰明，講些討人厭的話，常受人排斥。此命格的人，因『遷移宮』是『巨門』，因此在家多是非口舌、離家生活較好。其人最好的就是『父母宮』，父母會對他多忍耐。

『天機坐命』的人，就是『機月同梁』格，以做薪水族為佳。其人財帛宮是『天同、天梁』，官祿宮是『太陰』。坐命子宮的人，有『日月反背』的格局，故工作上也賺錢少，一生賺不到很多錢。命坐午宮的人，是屬於『木火旺』的格局，若再有『陽梁昌祿』格，會成就大，以學術研究、文職為佳。以丙年生有『天機化權』在命宮的人，會經過萬難及爭鬥而能有成就。

●**有『擎羊、火、鈴』同宮時，**會爭鬥多、性子急躁，一生多坎坷，未必會有成就。

●**有『祿存』同宮時，**性格保守、小氣、吝嗇、自私，更會討人厭，多惹是非。會顧自己的衣食，但難成大器。

●**有『天空』或『地劫』同宮時，**會思想清高、不實際，也會工作能力不強。

●**有『天機化忌』入命宮時**，會頭腦不清、糊塗，多招惹是非，語無倫次，或思想混亂、廢話很多。自然也不會有大成就了。

『天機』在巳、亥宮入命宮

『天機』在巳、亥宮入命宮時，是居平位的。其人中等身材、較瘦，長相較柔美，因對宮（遷移宮）是『太陰』。**坐命巳宮的人**，對宮的『太陰』是居廟的，表示環境較富裕，家人及環境都溫柔對待，一生生活較快樂。其人會有小聰明來讓自己生活舒適。**命坐亥宮的人**，對宮的『太陰』是居陷位的，表示環境中較窮，家人和所遇到的人對他雖還算溫和，但有些冷淡，他自己本身對人也付出感情不多，此人一生心情起伏大。

『天機坐命』者，性格都善變、反常，讓人捉摸不定，很愛生氣、思想快，又容易跳躍思考。若是把這種能力特質發揮到功課上或工作上就好了，偏偏他們不這麼想，因此只是浪費時間罷了。

此命格的人，財帛宮是『天同、巨門』。官祿宮是『空宮』，有『陽梁相照』。如果能形成『陽梁昌祿』格的人，仍能有高學歷，以及未來有學術界或學校教書工作或做公務員，生活較穩定。沒有貴格的人，會有開朗的配偶來照顧，早點結婚，也會有幸福的生活。

●**此命格的人，若有『陀羅』同在命宮，**則會笨很多。其人的福德宮有『擎羊』，表示本命更窮，也容易錯過結婚機會。

●**有『祿存』入命宮時，**表示性格保守、小氣，有『羊陀夾忌』和眾人不和，生活會更辛苦。

●**若有『火、鈴』同宮時，**其人性格怪異、急躁，不穩重，小心有躁鬱症，也會凡事做不久，生活不穩定。

●**有『天空、地劫』一起同宮時，**其人會頭腦空空，易入空門、宗教，沒有工作能力。

●**有『天機化忌』在命宮時，**頭腦不清楚，易胡攪蠻纏，易靠人生活。**有『天機化權』在命宮時，**因是『天機居平化權』，『化權』力量也不強，常是一會兒想管，一會兒又不想管了，或是該管的不管，不該管的管一堆。

●**有『天機化祿』在命宮時，**也是『天機居平化祿』，做薪水族較好，財也不會多，只是其人更會表現聰明和油滑而已。『**天機居平化科**』**在命宮，**『化科』力量也不強，其人會稍為斯文一點，會更有方法撒嬌一些。

『天機』在丑、未宮入命宮

『天機』在丑、未宮為居陷位入命宮時，其人會瘦弱矮小，或有病，而體形肥胖。人有小聰明，因其對宮有居旺的天梁，故一生有長輩或長兄、長姐或在外有貴人照顧。所以他凡事皆想依靠別人。

此命格的人，財帛宮是『天同』，官祿宮是『巨門居旺』，也屬於『機月同梁』格的人。但此命格的人，會因父母較有錢，或父母對他好，而不工作，或無工作能力，需要靠人養。**如果有『陽梁昌祿』格的人，**也能主貴。有高學歷，更會遇長輩貴人提攜，在學校或學術界工作。沒有貴格的人，則在人海中浮沈，生活不穩定了。

●**有『陀羅』同在命宮的人，**會體型肥胖、壯，頭腦有時很笨，有時又聰明，是小聰明、大愚笨，也會刑財、刑福。亦容易靠人吃飯，或有傷災，而無生活能力。

●**有『擎羊』同在命宮的人，**是陰險、厲害、多計較之人。更會耍弄聰明、損人不利己。因其夫妻宮會有『太陽、陀羅』，故仍是無法工作，會自作聰明、自食其果。

●**有『火星』或『鈴星』同在命宮的人，**會性格古怪、急躁、聰明鬼怪，也易成為反社會的人，或易生躁鬱症的人。

●**有『天空』、『地劫』在命宮的人，**是清高、不實際的人。因其財帛宮有另一個『地劫』、『天空』與『天同』同宮，因無理財觀念，故錢財上也常漏失。

●**有『天機化權』入命宮時，**是『天機陷落化權』，『化權』無力，因此是想掌權而掌不到權，頻惹是非，喜歡發脾氣，喜歡管事，管了一半，又不管了。

●有『天機化祿』入命宮時，仍是『天機陷落化祿』，祿少，仍是為人服務的命，稍稍圓滑一點，因對宮相照的有居旺的『天梁化權』，表示環境中有強大的照顧力量，因此你會甜言蜜語的去應和，以獲得照顧。

●有『天機化忌』入命宮時，也是『天機陷落化忌』的，因此會頭腦不清，亦可能有精神疾病。其人身體上有毛病，會沒有工作能力，靠家人養活。

『天機、太陰』在命宮

『天機、太陰』入命宮時，稱做『機陰坐命』。無論男女，皆長相清秀、漂亮，有很多人長得有娃娃臉，有極強的桃花。某些男命外觀長相，會有陰柔女性化的感覺。因命宮坐於寅宮或申宮，為四馬之地，故驛馬強，人生是動盪不安的，也要小心車禍的問題。

『機陰坐命』的人，非常聰明，頭腦靈活、學什麼都快，常為鐵齒之人，但仍會偷學算命。此命格的人，多半有感情糾葛，算是感情複雜的人。本命是『機月同梁』格，以做薪水族為佳，不適合自己做老闆，否則會有失誤。**坐命寅宮的人，**本命的『太陰居旺』，故本命中較有錢，感情也較豐富。**命坐申宮的人，**本命中的『太陰居平』，命中較無財，在感情方面也付出少。

『機陰坐命』的人，財帛宮是『天同』，官祿宮是『天梁居廟』，表示錢財穩定並不多，但工作是有貴人（比自己年紀大）的人介紹而來的。而且此貴人很可能為女性。未來在工作上，你也會以『名聲響亮、地位高』為一生所追求的目標。

●**有『陀羅』同宮時，**表示你會有一點笨，你的人生也時快時慢，

因此出車禍受傷的機率更大。你的福德宮會有『擎羊』和陷落的『巨門』同宮，你常有一些令你憂煩的事在痛苦，精神有不穩定的現象。命宮再有『太陰化忌』者，在感情和情緒方面的問題更嚴重。如此一來，人生也無大用了。

●**有『火星』或『鈴星』同在命宮的人**，出車禍和突發事件的機率更高，你也會情緒急躁不安，亦會有躁鬱症和精神疾病。你奔波的速度更快，會因此而耗財。

●**有『天空』、『地劫』同宮的人**，此二個『天空』、『地劫』會分別在『命、遷』二宮相對照，因此你會頭腦空空、不實際，也看不見環境中有什麼好事。你會隨波逐流，漫無目的的過日子，而無成就。

●**有『祿存』在命宮時**，你為人保守、小氣吝嗇，性格古怪，不太和人來往，命坐寅宮的人，和男性不合，命坐申宮的人，和女性不合，因此未來在婚姻上會有問題。『祿存』的財很少，只有衣食之祿而已。因此你會終日忙著夠吃穿的錢財，不想多賺，也賺不了。

●『**天機化權、太陰**』**在命宮時**，表示具有聰明和變化環境的力量，所以環境會轉換更快，更奔波。在寅宮會愈變愈好，財增多。在申宮則不一定好。

●『**天機化科、太陰化祿**』**在命宮時**，表示你很有方法的表現聰明和溫柔多情的態度，也會很有方法的做上班族來得更多的錢財，因此會賺錢不少。

●『**天機化忌、太陰化權**』**在命宮時**，表示你會頭腦不清、任性，聰明怪異，但仍然對女性有辦法，女性會對你好，來管你、照顧你，但你不一定領情。你脾氣古怪會影響到工作或是婚姻。會工作做不長，或晚婚、不婚。

●**『天機化祿、太陰化忌』在命宮時，**表示做薪水族能賺一點錢，仍不多，也會有薪水拿不到或中斷問題，你會和女性不和，也因此在薪水方面不順利。你會很聰明，但感情不順。

『天機、天梁』在命宮

『天機、天梁』會在辰宮或戌宮同入命宮，稱做『機梁坐命』的人。此命格的人口才好、善辯，很聒躁、喜歡講話，常停不下來。其外表長相瘦型，中等身材，外表還算穩重，臉長方型，有聰明相。**命格在三方四正等宮有『化權、化祿、化科』同臨的人，**有官格（亦稱軍師格），亦能有所成就。但一般『機梁坐命』者，很喜歡為人出主意，常是餿主意，事後又不願負責任。說話有不實際之現象。其人本命為『機月同梁』格，做薪水族為佳。

『機梁坐命』者，其財帛宮為『天同、太陰』。官祿宮為『空宮』，有『陽巨相照』，表示其財祿就正坐在『機月同梁』格上，必須做天天上班的薪水族領月薪最好。而工作、事業會不穩定，有起伏狀況。坐命辰宮者的財比坐命戌宮者多很多。

『機梁坐命』的人，性格急躁、心慈，喜歡表現小聰明，不願負大責任，但小事上還能照顧人。也是只喜歡照顧自己人，是有私心私利的人。

●命格中再有『羊、陀、火、鈴』同宮的人，會心術不正愛說謊話。有『擎羊』同在命宮的人，為『刑蔭』及『刑運』格局，其人一生狡詐，會因自身的關係阻礙了貴人運和人生的好運。即使命宮有『天機化祿、天梁化權』同宮也一樣。『擎羊』會刑剋權祿，而使爭權奪利很嚴重，所得之財利變少，權力變小。

●有『陀羅』同宮時，丙年生的人，命坐辰宮的人，有『天機化祿、天梁』在命宮，因『天機』是居平帶『化權』，又加『陀羅』，故其人是較笨和頑固的。會要管不一定管得著，只是操勞而已。**壬年生人，**命坐戌宮的人，有『天梁化祿』和『天機、陀羅』同宮，此命格是既笨，又會自找包袱來背的命格。

●有『火星』或『鈴星』同在命宮的人，會性急躁，言語不實在、速度快，愛時髦的東西，做事馬虎，三分鐘熱度，凡事急沖沖，過一會兒又忘了。容易得躁鬱症。再有『天姚』同宮時，更是廢話很多，沒有重點。

●有『天空、地劫』同宮時，表示頭腦空空、不實際，容易入宗教，成為修道之人。其人本命也較貧窮、孤獨。有『天機化忌、天梁、陀羅』在命宮時，是頭腦不清，較笨，一生中定有一次大災難。因本命的『天梁居廟』，故會有貴人來救。

『天機、巨門』在命宮

『天機、巨門』入命宮，會在卯宮或酉宮坐命，稱做『機巨坐命』的人。此命格的人坐命卯宮會較好，身材會較高大，一生的運程也較好一些。坐命酉宮的人，身材中等，命中的財沒麼多。**此命格為『破盪格』**，會白手起家，不靠祖業。其人性格很固執、善辯、口才好，容易招惹是非。因夫妻宮是『日月』，感情複雜，情緒起伏大、波動厲害，也容易和人爭吵辯論，一生必有傷心的戀愛史。其人很喜歡戀愛，而且大膽，常成為劈腿一族，但又希望從劈腿族中找尋真愛，因此是緣木求魚，只有傷心了。

『機巨』代表高知識或高科技的東西。此命格的人，大多數有『陽梁昌祿』格，可在學術界或科技界有盛名和富貴。無『貴格』的人，就不太具有學歷資格，人生會起伏多變，必須要工作、做上班族，領固定薪水，才有生活之資。**『機巨坐命』卯宮者，亦可為軍警業**，為大將之材。**老總統蔣介石是『機巨坐命』卯宮的人，作家張愛玲也是『機巨坐命』卯宮的人。**

●**『機巨坐命』，若再有『擎羊』同在命宮的人**，會是非更多、煩惱更多，自找麻煩，一生難成大器了。也會陰陰狡詐，為人不實在，一生運氣也不好了，因為夫妻宮不是有『太陽化忌』，就是有『太陰化忌』，內心古怪、複雜、是非多，也影響工作，不順利，常不工作，或失業。

●**若有『祿存』同宮的人，在卯宮**，會有『天機化祿、巨門、祿存』同宮。**在酉宮**，會有『天機、巨門化祿、祿存』同宮，都是有『雙祿』格局的命格。但其人都會保守、吝嗇，會在一定的人生道路上慢慢往前走。**坐命卯宮的人**，會工作上得財較多，會較努力工作。**坐命酉宮的人**，會口才更圓滑，做與口才有關的工作，亦會做名聲響亮的工作。

●**有『火星、鈴星』同宮時**，其人脾氣急躁，多惹是非爭執，會有突發之災禍，或車禍，人生變化起伏大。

●**有『天空、地劫』同宮時**，你的財帛宮會有另一個『地劫』或『天空』，表示思想不實際，或太清高，不重錢財，以致賺不到很多錢，相對的，能力也不好，常工作會斷斷續續，不長久。

●**有『天機化權、巨門』同宮時**，喜歡掌權管事，性格強硬，也會有好運成功，意志力強，聰明絕頂，能掌握時機而成功。

●**有『天機化科、巨門化忌』在命宮時**，是丙年生的人，表示是頭腦不清，常自以為很聰明而多惹是非災禍。『天機化科』是有辦法來變化，或有辦法的聰明，但這些聰明和變化，最後都落入雙重是非或雙重災禍之中，因此不變及不聰明還好。

●**有『天機化忌、巨門』在命宮時**，表示你有古怪聰明，但不被人接受。你也容易引起是非問題，也易終身無成就，或無法出名。

『太陽星』在命宮

『太陽』入命宮時，最好是白天生人，又居於旺地較佳，其人一生心情開朗，人生光明面較多。如果生於黑夜，又是居陷地入命者，其人一生心情較鬱悶，人生中也會有較多黑暗面，坎坷路較多，亦會眼目有傷。

『太陽坐命』者，圓臉、中等身材壯碩、性格剛強、言語直爽、心地慈善、沒有心機，也不善理財，對錢財沒有什麼價值觀。女命有男子氣慨，易奪夫權，故配陰柔之男子才相得益彰。『太陽坐命』者本來就是和『太陰坐命』者相互吸引的，『太陽』是官星，主掌事業，故『太陽坐命』者很重視事業。

『太陽坐命』者，其夫妻宮都有一顆『天同星』，表示其人心境平和、穩定，懂得享福，因此婚姻平順，但也愛情平淡。

『太陽』單星坐命，要看『太陽』的旺度，也要看對宮的星曜為何而定吉凶。

『太陽』在子、午宮入命宮

『太陽』**在子、午宮入命宮時，在子宮為居陷位，**會黯淡無光。**在午宮為居旺位，**光明燦爛，其人生就有很大的不同了。但其對宮都有『居廟的天梁』相照，表示其人周圍的外界環境就是貴人運旺，有長輩照顧，有名聲，有知識學問在導引的一條道路。

因此不論命坐子宮或午宮，都需要『陽梁昌祿』格來建築人生的康莊大道。一方面具有高學歷資格，一方面以貴致富。此人會在學術或文藝方面享盛名。沒有貴格的人，會人生起伏落差大，如浮萍一般，也賺不到自己的富貴。

『太陽』在午宮的人，會心情開朗、爽直，人生快樂多，也善於表現。**『太陽』在子宮的人，**心情較鬱悶，易躲在人後面，做幕後工作。在事業上競爭力也不強，中年以後易心灰意冷，提不起勁來。

此命格的人，其財帛宮為『空宮』，有『機陰相照』，官祿宮為『巨門陷落』，表示仍是『機月同梁』格的人，以做公務員、薪水族為佳，命格高者可做政府官員。但事業型態就是解決紛爭、解決混亂、災禍的形態。

●**如果有『擎羊』同宮時，**『擎羊』是刑剋，**命坐子宮的人，**會受剋更重。**要小心身體和眼睛、脊椎骨、心臟、頭部都會有問題或受傷。**也要小心事業上會不順利。其人在心情上也會常不佳，內心煩惱多，內心不平靜，常鑽牛角尖，容易有自殺現象。**因官祿宮有『巨門』，三方形成『巨火羊』的格局，**因此容易自殺。**命坐午宮的人，**在事業上容易遇到競爭多、競爭激烈的狀況。**命坐子宮的人，**容易走不出去，常有無法開展的狀況。因此有『擎羊』入命宮的人，大都是需要韜光養晦過人生的人。

●**如果有『祿存』同宮時，**表示會保守內斂，事業形態也不大，會小心謹慎的過一生。**因被『羊、陀』所夾，**故也會膽小怕事，從小和家人不和，結婚後的生活較好。

●**有『火星、鈴星』同宮時，**脾氣急躁，脾氣壞，做事粗糙、馬虎，也不利事業。其人外表有紅髮或皮膚黑紅，有異相，刑財更快，也易有突發災禍。要小心火災、燙傷很嚴重的問題。**有『天空、地劫』同宮時**，會思想不實際，理財能力更差，頭腦空空，工作不長久，人生無目標。

●**有『太陽化權』在命宮時**，是辛年生人，**在午宮**，主事業運強，可管理男性，在事業上企圖心強，有主控力。**在子宮**，『太陽陷落』，『化權』無力，因此是有時想打拚一下，就做一下，不想打拚又鬆懈了。對男性的影響力只能私下暗中施展一下，無法在檯面上施展。

●**有『太陽化祿』在命宮**，在午宮，可用事業得較多財富，也可和男性圓滑相處，感情親密。在子宮，因事業所得之錢財較少，不確定。也能和私下和男性友情相處，但在檯面上仍一板一眼硬梆梆的。

●**有『太陽化忌』在命宮，在午宮**，會偶而頭腦糊塗，有時仍古怪聰明。其人生會有古怪現象。在事業上會走很多其他的路，繞了遠路才回到正途，浪費了很多時光。會和男性不合、有是非。**在子宮**，心情悶，頭腦笨、不清楚，人生晦暗不清，其人根本也不想發奮圖強，而且外界的阻礙多，又和男性不和，有仇視、討厭現象。

『太陽』在辰、戌宮入命宮

『太陽坐命』辰、戌宮時，在辰宮，『太陽居旺』，對宮相照的『太陰』也居旺。其人會少年平步青雲，少年得利，也得人喜愛，桃花多、異性緣佳，一生快樂，且會早婚，環境較富裕。**命坐戌宮**，『太陽居陷』，相照的『太陰也居陷』，其人會心情悶，話少，也有桃花，但所遇之人皆較窮，不富裕。且談戀愛易不持久。其人一生也較窮，因環境不富裕。

『太陽坐命』辰、戌宮的人，較難形成『陽梁昌祿』格，即便有，也是折射的，不夠正，會擁有高學歷的人，仍會人生機運好一些。**其財帛宮是『巨門居旺』，官祿宮是『空宮』，有『同梁相照』**，故也是做公務員或薪水族的人。

●**有『擎羊』同宮時，為『刑官』格局**，會對其人事業和身體、眼目有刑剋傷害。在命宮入命的人，尤其要小心瞎眼的問題及腎臟病的問題。**在辰宮入命的人**，也要小心眼病和腎臟病。身體不佳和傷災會影響其人之事業做不長久。**命宮在戌宮者**，更要小心會有自殺事件，因心情鬱悶，易有憂鬱症。其人之事業和人生都較晦暗。

●**有『陀羅』同在命宮時**，其人較頑固、較笨，不喜聽家人、親友的勸告，喜聽不認識的人的話，易上當受騙。做事慢，易拖拖拉拉，會知識水準不高，也易工作做不長，人生成就差。

●**有『火星、鈴星』同宮時**，性急躁、古怪，愛時髦，耗財快，小心火災、燙傷之災，或車禍問題。人生易勞碌而成果不佳。

●**有『天空、地劫』同宮時**，表示會頭腦空空、不實際，對金錢無價值觀和理財能力。一生會財少、工作不長。

●**有『太陽化權』在命宮，在辰宮**，能掌握事業，能主貴，因對宮有『太陰、擎羊』，故環境中財少，會主貴不主富。但有名聲，仍會有工作、事業上仍會有斷續的時候。**在戌宮**，會和『擎羊』同宮，表示能掌權的力量不強，且競爭激烈，因此你做了一半常半途而廢。

●**有『太陽化祿』在命宮，在辰宮**，表示能得工作、事業之財。但對宮有『太陰化忌』相照，因此你不太能做公務員，你可能自己做老闆來賺錢。**在戌宮**，你的環境惡劣較窮，因此你從工作上賺錢少，你會斷斷續續的工作賺錢，每件工作做不長久。

●**有『太陽化忌』在命宮，在辰宮**，你會頭腦不清，會東做做、西

做做，會繞遠路才找到自己有興趣的工作。你也會脾氣古怪，自找麻煩而是非多，和男人不和。**在戌宮**，你頭腦不清，一生運氣也不好，心情悶，也搞不清自己的人生方向，男性也排斥你，機會也不佳，本身能力也差，因此很難有工作或事業。

『太陽、太陰』在命宮

『太陽、太陰』入命宮，又稱『日月坐命』，會在丑宮或未宮出現。**在丑宮時是『太陽居陷、太陰居廟』**，表示其人是以錢財、薪水為主，是主富的人生。**在未宮時，『太陽居得地、太陰居平』**，表示其人生以主貴為主，是以事業、名聲為主要努力目標。

『日月坐命』的人，心情多起伏、情緒易不穩定，多愁善感，性急好動，一生辛苦勞碌，做事或戀愛都會三心兩意，腳踏雙船，性格變化無常，晴時多雲偶陣雨，沒有果斷力，也無恆心。其人喜歡談戀愛，凡事講感情，容易重情不重理。**其人財帛宮為『空宮』，有『機巨相照』**，最好要多讀書，賺高知識或高科技的錢。**官祿宮為『天梁陷落』**，表示其人是不重名聲、地位和職位的人，因此其人中年以後易過閒雲野鶴的生活。

『日月坐命』的人，是屬於溫情主義的人，自然一生的成就就是放在家庭中，如果和家人無緣，命格中多刑剋，則其一生就難有成就了。**所幸他們的夫妻宮是『天同』，**代表深層的感情模式仍是平和穩定、愛享福的模式。也會找到乖巧、有福氣，相處和諧的配偶。**只是命中有刑剋以及『子、田』二宮不佳的人，**就是身體生育機能有問題，這也是命體有刑剋，就會無子和不婚了。

● **『日月坐命』，再有『擎羊』同宮的人，**是命格受到刑剋的人，本身身體會不好，會有心臟、腎臟、肝臟、脊椎骨的傷害，也會有精神上煩憂，內心痛苦，較孤獨、六親緣薄，宜入宗教修身為佳。

此命格的人，因內心的變化起伏，而工作不長久，因此也會財少命窮。此命格的人，即使有『陽梁昌祿』格，也未必會去唸高學歷。因為內心常不平衡、愛計較、愛吃醋，專計較小事，因此是自毀前程，一生辛苦，也易自殺，或靠人吃飯生活。**在丑宮時，**會有『太陽、太陰化科、擎羊』入命宮，仍是心情悶，多計較，雖有較柔美的氣質，但性格善變難侍候，常任性，也無工作能力。**在未宮，**丁年生的人，有『太陽、太陰居陷化祿、擎羊居旺』，是『擎羊』的力量較強，仍會沒錢、較窮，工作也常時有時無，一生起起伏伏，沒有成就。

●**再有『陀羅』入命宮時，在丑宮有『太陽化忌、太陰、陀羅』同宮，**表示天生笨，又頭腦不清，眼目有疾，身體有傷。會無法工作，靠人過日子。**在未宮時，是庚年生人，有『太陽化祿、太陰化忌、陀羅』入命宮**，表示聰明度不高，會工作，但薪水少或不一定固定能拿得到錢。一生也不會想賺很多錢。

●**再有『火、鈴』同宮時**，表示內心急躁，喜歡時髦、漂亮，不實際的東西，會耗財。要小心火災、燙傷、車禍等突發事件。

●**再有『天空、地劫』同宮時**，表示頭腦空空、不實際，或太清高，對錢財不重視，或有特殊的聰明、看淡功利的，因此你也會賺錢少，能花用的錢財也少。

●**有『太陽化權、太陰』入命宮，在丑宮**，表示你在男性社會中常想表現，但又力不從心，適合在背地、暗中對男性說服，才能掌握說服力。做幕僚或幕後工作，能多得錢財，也能略有權位，但無法在檯面上爭強鬥狠。**在未宮**，表示在工作上能掌到實質的權力，具有權位，但財不多，或是有名無利的狀況。

有『太陽、太陰化權』入命宮，在丑宮，表示你會以女性社會，或在金融體系中或是在薪水族中做主管地位，但無法在男性社會，或政治體系中生存。你對女性有主導能力，也能理財、會計業務有興趣。你會和女性較親密，你周圍的女性都十分能幹，周圍的男性都悶悶的，沒能力。

『太陽、天梁』在命宮

『太陽、天梁』入命宮，就稱『陽梁坐命』的人，會在卯宮或酉宮出現。在卯宮坐命比酉宮好，因在卯宮坐命時，『太陽、天梁』俱居廟位。在酉宮，是日落西山，『太陽』居平、『天梁』也在得地剛合格之位，會有韜光養晦的人生。

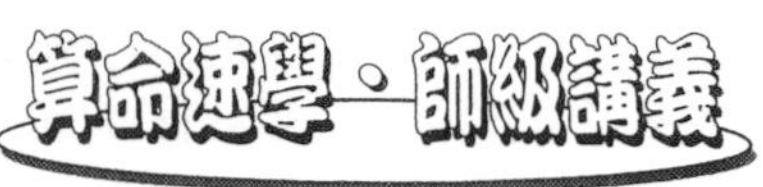

在卯宮的『陽梁坐命』者，很容易形成『陽梁昌祿』格，有貴格的人，會具有高學歷，能做大官，也易名列榜首，人生有無限歡樂。『陽梁』在卯又為『日照雷門』的格局，屬官貴。其人性格豪爽、不拘小節，人緣好，又好面子，事業心強，喜歡出名，也喜歡管別人家的閒事，算是好濟施的人，但容易野心較大，喜歡做大事業，小局面的工作不愛做，好大喜功，容易失敗。此命格的女子，能做職業婦女，有男子氣慨，但仍多桃花，感情問題複雜。此命格的人，財帛宮是『太陰居廟』，官祿宮為『空宮』有『同巨相照』，表示會做公職，領公家薪水，但事業不長久。命宮有『擎羊』，或『財、官』二宮有『擎羊』、『化忌』者，則不會做公職。

『陽梁』在酉宮坐命的人，命局中為『日月反背』格局，常為漂蓬之客，一生勞心費力，事業無成，為閒雲野鶴之人，工作上無法有成就。其人也易懷才不遇，常牢騷滿腹，口舌是非多，宜離家到外地發展為宜。此命之女子，易有感情困擾和遇人不淑的問題，人生較辛苦。

●**『陽梁坐命』，再有『擎羊』同宮時**，是『刑官』和『刑蔭』格局，**在卯宮入命**，還有『太陽化忌、天梁、擎羊』同宮，會頭腦不清，身體有問題，易有傷災，也會工作能力不佳，易靠家人或家產過日子。在酉宮，會有『太陽化祿、天梁』同宮，會工作一段時間，但財帛宮為『太陰化忌居陷』，故始終窮困不富裕，中年以後怠惰不工作。

●**再有『祿存』同宮，在卯宮**，會有『太陽、天梁化權、祿存』同宮入命宮，表示其人外表穩重，但又保守、小氣、吝嗇，又愛管人、管事，因此是非很多。其人的財帛宮是『太陰化忌居廟』在亥宮為『變景』，但仍會有錢財上的是非糾紛，與儲蓄上的問題。**在酉宮**，有『太陽化權、天梁、祿存』入命宮，『祿存』會限制住『化權』的力量，使其變得保守，無法發揮，只有外表很穩重，有權威，只顧自己的衣食之祿，會有自私的想法，事業、財富仍無法多得。

●**再有『火星、鈴星』同宮時**，要小心火災、燙傷，也要小心脾氣急躁，脾氣壞，而無法有好的事業成就。

●**再有『天空、地劫』同宮時**，為『官空』、『蔭空』的格式，會因太過聰明，太過清高，而不實際，也容易入宗教、看淡名利。

●**命宮有『太陽、天梁化祿』同宮時**，是壬年生的人，易有桃花，或他人介紹之工作，而這些桃花和工作，都會成為你日後的包袱。你本身也是個瞻前顧後、內心想法多，拿不起也放不下的人。

『太陽、巨門』在命宮

『太陽、巨門』入命宮，稱為『陽巨坐命』。在寅宮坐命的人，因

『太陽居旺、巨門居廟』，夫妻宮有『天同居旺、太陰居廟』。命局是『日月皆旺』的人，所以尚能勤奮做事，有板有眼，對事業固執，適合做老師、保險經紀人，用口才吃飯的人，三十歲以前運不算好，很多是先貧後富的人，一生多競爭，會為事業或工作上和人競爭，爭男友。男子會爭女友。此命格的人，好吃食和愛講話。命宮有『太陽化權』或『巨門化權』，再加『天刑』者可為司法官，其他的人較為一般平民百姓之命格。

在申宮坐命的人，因『太陽居得地』之位，為日落西山，其人好吹噓，是非多，為人幼年時期便開始懶惰了，一生和人有較多的爭執，做事不持久，也會三心兩意。

『陽巨坐命』的人，財帛宮和官祿宮都是『空宮』，表示本命就財不多，而且財是虛浮的。**財帛宮有『天機、天梁』相照，官祿宮有『天同、太陰』相照。坐命申宮的人，**因相照『財、官』二宮的星不是居陷，就是居弱宮，因此是較窮命的人。『陽巨坐命』的人，本來就不主財了，『財、官』二位仍是『機月同梁』格的形式，因此做薪水族為佳。但『陽巨坐命』者因命盤上有四個『空宮』和一個『廉破運』，一個『天相陷落運』，有一半的時間運氣皆不佳，因此工作多起伏，不算很順利。

『陽巨坐命』的人，有『武貪格』在其兄弟宮，只要不是『壬年、癸年』生的人，也不是『寅、辰、申、戌』等時辰生的人，你就會有暴發運，一生中也會有高潮迭起的時候，以及發富的機會。

壬年有『武曲化忌』、癸年有『貪狼化忌』。寅時、辰時、申時、戌時生人有『天空、地劫』在丑、未宮出現，會使『武貪格』不發。

『陽巨坐命』的人，坐命寅宮的人，脾氣有些傻呼呼的，大事不計較，會計較小事。**坐命申宮的人，**會脾氣懶洋洋的，提不起勁來。他們都會有外表陰柔美麗的配偶，但坐命寅宮的人，其配偶還較富裕，坐命申宮的人，配偶或情人都較窮。

●**『陽巨坐命』的人，再有『陀羅』同宮時**，其人又笨，又有雙重是非，與人合不來，又會有精神上的痛苦，凡事拖拖拉拉、動作慢，思想慢，常怨是別人不好，一生的錢財很少，工作不常久，易無成就。坐命申宮時，會有『太陽化權、巨門化祿、陀羅』同宮，表示會用笨的方法，強制要說服別人來投資他事業或給他錢財。而他最有辦法對付的就是男性。

●**再有『祿存』同宮時，在寅宮**，有『太陽化忌、巨門、祿存』同宮入命，表示頭腦不清，眼睛、心臟也有問題，身體不佳，遺傳因子不好，因此會讓其人生活保守、辛苦、膽怯，會因身體關係而無工作能力。**在申宮，有『太陽化祿、巨門、祿存』在命宮**，是『雙祿』格局，但仍會行為保守，會和男性相處和諧，也會愛工作，但格局不大。

有『太陽化權、巨門化祿』在寅宮的命格時，其人氣勢強，穩重、氣派，有決斷力，口才好，口才油滑，也能對男性有說服力。喜歡做大事業，做大投資，但會有起伏成敗。為人大膽、口舌銳利，一生中未必有富貴。

●再有『火星、鈴星』同宮時，其人會有躁鬱症、愛時髦、愛玩，沒有真才實學，一生會打混過日子。

●再有『天空、地劫』同宮時，其對宮會有一個『地劫』或『天空』星彼此相照，因此會頭腦空空，外在環境也空空，會人生沒有目標，也根本搞不清楚要如何奮發才會有成就。因此人生起伏大。宜有宗教信仰，或早點結婚，有配偶幫助，能導向幸福之路了。

『太陽、巨門化忌』入命宮時，會一生口舌是非多、災禍多，本身身體也會有問題，其人也會頭腦不清楚，心情悶，愛與人爭吵。

『武曲』在命宮

『武曲』單星入命宮時，稱『武曲坐命』，會在辰宮或戌宮出現。

『武曲』是正財星。在辰宮入命比在戌宮入命好。因辰宮是帶水的土宮，土能生金。而戌宮是火土宮，會刑剋武曲金，因此在戌宮的『武曲坐命』者，幼年會較窮困，在脾氣方面也無在辰宮坐命者剛硬，但比起『機月同梁』格的人來說，仍算是很剛硬的了。

『武曲坐命』的人，性格剛毅，活力充沛、性急，聲音大，體形中等或略小壯碩，適應環境的能力強，也能很快的進入情況。其人勇敢、堅強，行動力也強，勤勞、不怕苦，會勞心勞力。其人會對錢財敏感，事業心強，為人主觀意識強，做事速戰速決，一生重言諾，會喜怒形於色。

『武曲坐命』的人脾氣發得快，但不會記仇。心情好時，很愛活動，心情不好，就很靜，不愛動，容易精神孤獨。

『武曲坐命』者，坐命於辰宮者較坐命於戌宮者財多，命格格局大小是不一樣的，此命格的人大部會從事生意方面，或軍警業、政治業、金融業。其人也較會以金錢和政治做價值觀。

『武曲坐命』的人，財帛宮為『廉貞、天相』，官祿宮為『紫微、天府』，會在工作、事業上得到大財富，而錢財平順。但如果命格有瑕疵，『命、財、官、夫、遷、福』等宮有『羊、陀、火、鈴、化忌、劫、空』的人，就不見得有大財富。

『武曲坐命』，因對宮相照的是『貪狼星』，故一生好運機會多，而且喜歡賺錢，人緣機會也不少。但要小心身宮落在財帛宮者，財帛宮中有『廉貞、天相』，身宮逢『廉貞星』，為財與囚仇，也會既愛財又賺錢少。

●**『武曲坐命』，再有『擎羊同宮』時，是『刑財格局』**。命坐戌宮者，刑財更凶，會窮困。此命格的人，其人身體也有問題，會有傷災、耗財多，賺不到很多錢。

●**如有『陀羅』同宮時**，表示性格固執，又是食古不化，如一個鐵鉈、鐵錘一般，因福德宮有『擎羊』，故有精神鬱悶、痛苦。也會因為自身的智慧不高而賺錢少。尤其是命宮在戌宮的人，**有『武曲化忌、陀羅』同宮時**，更會有錢財上的是非麻煩和債務問題。也會頭腦不清，易受騙又自作聰明，人生一塌糊塗。

●**如果有『火星、鈴星』同宮時**，『火星、鈴星』會刑『武曲之財』，其人會性格古怪，更慳吝小氣，但會與對宮之貪狼形成『雙暴發運』，但要確定無『化忌、劫、空』才行。其人一生大起大落，有富貴，但也有鬱悶的日子。

●**如果有『天空、地劫』同宮時**，其命格為『財空』或『劫財』命格，會思想不實際，對錢財看淡，也會無暴發運及偏財運。更會和一般人價值觀不同，沒辦法賺到自己想要賺的錢。

有『武曲化權』入命宮時，是庚年生的人，其人外表長相氣派，能主掌權力或掌財。喜歡管錢，也喜歡掌握政治事務。因此其人生一定有較大的富貴，能做一番事業出來。適合做軍警業或金融業或經商，能主富，或做大官。一生賺錢也多，以在辰宮為最佳。也會有強勢的暴發運。

有『武曲化祿』入命宮時，是己年生的人，其對宮有『貪狼化權』相照，命格極為強勢，有大富貴，又能掌握其暴發運亦為暴發力極大之旺運，因此能為鉅富。**前行政院長郝伯村先生即為此命格之人。**

有『武曲化科』入命宮時，是甲年生人，其人只是會理財而已，因父母宮是『太陽化忌』，必有不愉快之童年，或有傷殘兄弟或朋友運不好，自己本身能適應生活，及找出自己的道路而使生活愈來愈好。

有『武曲化忌』入命宮時，在辰宮，因對宮有『貪狼、陀羅』，其財帛宮為『廉相』，表示其人一生都窮困，有債務問題，因環境中好運都拖拖拉拉，不開運，錢財上又是易受人欺負，或愛賺邪惡之錢財的狀況，因此人生多黑暗面。其人也會頭腦不清，很容易捲入錢財是非之中。

『武曲、貪狼』在命宮

『武曲、貪狼』入命宮，為『武貪坐命』的人，會在丑宮或未宮，雙星雖都是居廟，以丑宮坐命未宮為佳。**『武曲』是財星，『貪狼』是運星**，因此其人多半注重在好的財運上。其人性格強勢、剛毅，但人緣好，做事勤快，也會勞心勞力。若女命時，更潑辣。其人幼年很平凡，三十歲以後運漸好，有橫發格，為『武貪格』暴發運格，多半在三十五歲左右暴發，不發少年時，最好離家發展較好，會有大事業或大富貴，但壬年、癸年生人，及有『天空、地劫』在遷移宮的人，不會暴發。

『武貪坐命』者，財帛宮為『廉貞、破軍』，官祿宮為『紫微、七殺』，其人理財能力差，因此暴發之後，如不會理財，很容易暴起暴落。其人花錢凶，耗費錢財，也容易賺一些料理善後，或複雜的、爭鬥多之事的錢財。

●**如果有『擎羊』入命宮的人**，會做精緻手藝型的工作。**例如張大**

千先生即是**命格中有『武曲化祿、貪狼化權、擎羊、鈴星』坐命未宮的人。**

●**如果有『陀羅』入命宮時**，多會做軍警業或較粗糙、用體力的工作。

●**如果有『火星、鈴星』同入命宮時，是『雙暴發格』**，但其人性格古怪，一生會暴起暴落，有極強的暴發運，能有大成就或富貴，但其人性子急躁、火爆，做事迅速、粗糙，因此不會做文職，易做武職方面的工作。

●**如果有『天空、地劫』入命宮時，其人對宮也會有另一個『地劫』或『天空』**，表示其人頭腦空空、不實際，或觀念不實在，對錢財看輕，也易耗財快，也賺不到什麼錢。

如果有『武曲化權、貪狼』入命宮時，其人是庚年生人，『命、

遷』二宮會有『陀羅』出現。其人會喜歡掌財權，但會思想慢一些，為人及運氣會遲鈍一些，但仍有爆發運，其人易在軍警業中生存或掌財務。

如果有『武曲化祿、貪狼化權』入命宮時，其人是己年生人，會有『擎羊』在『命、遷』二宮出現，其人會心思縝密，運氣好，有極強的暴發運，能歷經艱難，而有大富貴。

如果有『武曲化科、貪狼』入命宮時，是甲年所生之人，為一般有方法賺錢，稍具理財的命格，有暴發運，為常人命格。

如果有『武曲化忌、貪狼』在命宮時，是壬年生人，雖一生很愛賺錢，但始終有債務和缺錢煩惱。也會投資失敗，有錢財上的麻煩。其人會頭腦不清，弄不清自己真正的問題在哪，理財能力不佳，又對自己有過度的自負和期望，而終身為財所困。此人沒有暴發運，其本命即財

不多。

如果有『武曲、貪狼化忌』在命宮時，其人是癸年所生之人。其人會性格悶、人際關係不佳，也會沒有暴發運，**因其在『命、遷』二宮會有『擎羊』出現，**表示周圍刑剋也很嚴重。因此會得財少，而辛苦。一生沒有太多發展機會。

『武曲、天府』在命宮

『武曲、天府』入命宮，稱做『武府坐命』的人。『武曲』是財星，『天府』是財庫星，同宮時，會在子宮或午宮，皆是居旺或居廟位的。表示十分富有，其對宮有『七殺』相照，表示需在外打拚，才會有財富。其人外界的環境，也十分辛苦和艱辛的。其人重視錢財、物質財源的。但生性保守，會按部就班做事，但為人小氣、吝嗇。**有些『武府**

坐命』者，也會為公務員。要看八字帶財多寡，才能定其財庫大小。此命的女子，會長相美麗、人緣好，重色慾，為偏房之命，因夫妻宮有『破軍』，皆感情不順利，易有不倫之戀。此命男子也易離婚，或是『妻管嚴』。

『武府坐命』的人，其財帛宮是『廉貞居廟』，官祿宮是『紫微、天相』，其人容易待在金融機構賺錢穩定，也容易經由一種企劃的方式來賺錢。做公務員，或在大企業、大公司上班，也是他們的最愛的賺錢方式了。**『武府坐命』的人，遇煞時有『羊、陀、火、鈴、化忌』**，會為富不仁，本命是刑財或『因財被劫』的格式，也會窮困財少，或無財，而邪惡。

● **『武府坐命』，有『擎羊』同宮，皆是『刑財格局』**，本命財會變少，會有傷災或短命之虞。其人也會狡詐陰險，吝嗇，刻薄，多做不義之事。**壬年生的人，有『武曲化忌、天府、擎羊』在子宮入命時**，傷災嚴重，逢子年易車禍而亡。其人命格中多刑剋，本身身體即不佳，命中也財少，為人慳吝、小氣，十分節省，脾氣古怪，也易不婚或晚婚，一生為錢所困，十分辛苦。

●**有『祿存』同宮時**，其人都會更保守、小氣、吝嗇、膽怯、懦弱、自私，會只顧自己的衣食吃穿而已，未必會賺大錢，亦會人際關係不佳，少與人來往，獨善其身。**己年生人，有『武曲化祿、天府、祿存』在午宮同宮，雖有『雙祿』格局**，仍不會為大富之人，因為『祿存』限制了『武曲化祿』與『天府』財力規格，其人仍會保守、吝嗇，但生活富足無虞而已。

●**有『火星、鈴星』同宮時，是『刑財格局』**。其人性格急躁、火爆，會對別人特別慳吝，對自己特別大方，自己花錢迅速、耗財快又多。其人也容易買時髦的科技用品，或做一些不實際的投資而耗財。更會說話不實在，易騙人說謊。亦會工作斷斷續續，存不了錢。

●有『天空、地劫』同宮時，其人的夫妻宮會有另一個『地劫』或『天空』，表示其人會有不實際、空茫的思想，價值觀也會和別人不一樣，會好高騖遠，因此無法賺到自己想要賺的錢，有的錢不想賺，耗財凶，更會不婚或晚婚，或離婚。亦容易棲身宗教。

有『武曲化權、天府』入命宮時，是庚年生的人，你會長相氣派、有威嚴，喜歡掌財權，也會對政治有興趣，很愛賺錢。但是你仍保守、頑固、做事會有一定的步驟、規矩。因為會有『祿存』在『財、福』二宮出現。你也會存不住錢，有『擎羊』獨坐『子、田』二宮，所以你的財庫有破洞，也會房子留不住，或住破爛有漏洞瑕疵的房子。因此你只是個掌握一點現金的人。

有『武曲化祿、天府』在子宮入命宮時，你的對宮（遷移宮）有**『七殺、祿存』，**是**『祿逢沖破』，**因此表面上看你應該很富有，但實際上你是個對打拚保守人，環境也很保守，因此只會打拚一點點，基本上你的身體不佳，所以你本命看起來有財，那只是過一般生活的標準而已。

有『武曲化忌、天府』在午宮入命宮時，其對宮（遷移宮）有**『七殺、擎羊』，**表示環境惡劣，刑剋嚴重，你本身又是一個欠債、有帳務問題的財庫，因此容易破產及遇災而亡（在子、午年）。

『武曲、天相』在命宮

『武曲、天相』入命宮為**『武相坐命』的人，**會在寅宮及申宮出現，『武曲』是財星居得地之位，『天相』是勤勞的福星，居廟位。因此是喜歡享財福的人生。其對宮有『破軍』(居得地之位)相照，是『破軍』影響很深。其人情緒容易波動、不穩定，但外表穩重，看起來脾氣好，也好講話，實際上會挑剔別人。大多為一生不愁衣食之人，會注重個人享受，喜好美食、吃穿需小心理財，花錢很凶，田宅宮好的人才會存錢。其人主觀意識很強，事業心重，也喜歡做衣食業。其人周圍環境常是複雜、競爭多，或雜亂的，環境中出現的人也常是大膽的，沒品行的人。『武相坐命』的人多半有某些方面是龜毛的，因此會對周遭環境常不滿意。但過一些時候又好了，最後他都有辦法克服環境。『武相坐命』的人都有很好的父母會照顧他們，父母宮是『陽梁』。因此他們容易永遠長不大，也易晚婚。

『武相坐命』者的財帛宮是『廉貞、天府』，官祿宮是『紫微』。

『武相坐命』寅宮的人，事業格局較大一些，因為官祿宮的『紫微居廟』，能獨當一面。**坐命申宮的人**，官祿宮的『紫微居平』，只是一般上班族而已。其人也容易用交際手腕或人際關係來賺錢。

『武相坐命』者最好是出生為陰年之男子、陽年之女子，逆行大運才好。陽男、陰女順行大運的人，小時運不錯，中年以後，便命運不濟了。逆行大運的人，青少年時代雖有坎坷，但中晚年一路幸福。

●**『武相坐命』，若再有『陀羅』同宮時**，表示頭腦頑固、較笨、耗財多，做事不長久，會做做停停，**因福德宮有『七殺、擎羊』**，為奔波、勞碌之奴僕之命。因此做很多事，都耗財，彷彿幫別人做的，自己賺不到很多錢。而且會有精神痛苦。也會不聽家人勸告而吃虧上當。

●**再有『祿存』同宮時，在寅宮，會有『武曲化科、天相、祿存』在命宮**，表示性格保守、小氣，但有方法賺自己的錢，享自己的福，因被『羊、陀』所夾，故與父母兄弟無緣，會自己打拚生活。**在申宮，會**

有『武曲化權、天相、祿存』入命宮，表示喜歡管錢、賺錢，主導錢財，但性格仍保守，不會成鉅富。一般生活享受都很優質，其人會外表氣派、強勢，主觀意識更強。會為中上等命格。

●**有『火星、鈴星』同宮時，**會脾氣急躁、火燥，做事馬虎、刑財、耗財也會更快。易有意外災禍、車禍，奔波勞碌的狀況更嚴重，容易享不到福。

●**有『天空、地劫』同宮時，**其對宮會有另一個『地劫』或『天空』和『破軍』同宮相照命宮，表示其人常頭腦空空、不實際，環境中也是破空、耗空，其人易入空門，或信宗教修身修法，不婚或離婚，孤獨過日子。

●**有『武曲化祿、天相』入命宮時，**其人會圓滑人緣好，嘴甜，更會享福。其人在『夫、官』二宮會有『祿存』進入，因此內心保守，工作也不會發展太大。再加上父母宮有『太陽、天梁化科』，父母更有方法照顧他，因此他能享更多福了。

有『武曲化忌、天相』入命宮時，其人會頭腦不清，對錢財沒概念，會懶惰、愛偷懶享福，人也會笨。**其『財、福』二宮會有『陀羅』進入，『夫、官』二宮會有『擎羊』進入，**是內心多煎熬，想法古怪，價值觀及計算能力和常人不同，仍會有債務纏身，工作能力也不好。

『武曲、七殺』在命宮

『武曲、七殺』入命宮，稱為『武殺坐命』的人。其人長相大眼、臉輪廓分明，個性剛強、頑固，做事會斬釘截鐵、不認輸，會硬拼，好勝心強，敢愛敢恨，性格有些古怪。平常不愛說話，但會忙碌、好動，易有外傷。

『武殺坐命』的人，一般都很溫和，只是內在個性較堅強，對自己要求高而已。**但本命是『因財被劫』的格式，**表示命中財少，一定要付出很多的血汗辛苦才能得財。**其人的遷移宮是『天府』，**表示外界的環境是一個大財庫。因此他們必須出外打拚才行。**其財帛宮是『廉貞、貪狼』，**在金錢方面的運氣是很差的，而且賺錢少。**其官祿宮是『紫微、破軍』，**表示極力打拚，仍可有高職位。只是要以專心付出勞力、體力，不能太注重錢財問題，先不計較的付出，才能有錢財方面的收獲。

『武殺坐命』的人，以坐命卯宮比坐命酉宮好。**因為其對宮的『天府』會居旺，**代表環境能較富裕一些，賺錢和生活的機會也會好一些。

『武殺坐命』者最怕坐命酉宮，又是庚年生，**命宮中會有『武曲**

化權居平、七殺、擎羊』同宮，易有傷災、性格強，也容易因財而亡。亦怕生於壬年，**有『武曲化忌、七殺』在命宮**，容易有金錢是非糾紛，也會因錢財之事遭傷或喪命。

●**『武殺坐命』卯宮，命宮有『擎羊』時，命宮有『武曲化科、七殺、擎羊』**，是甲年所生之人。表示工作上很拚命打拚，想賺錢，但很辛苦賺不到，你所賺的錢很少，事實上是和工作的辛苦度是不成正比的。

●**命宮再有『祿存』時**，表示是性格保守、膽小的人。你打拚的力量也不會用太多，只要夠衣食就好了，所以你仍常在窮困之中，因被『羊陀所夾』。你會和父母、兄弟皆不親密，等結婚後才會較好。

●**命宮再有『火星、鈴星』同宮時**，表示其人會性子火爆、脾氣壞、速度快，性子急躁，馬虎，做事易不負責任。也容易和人起衝突，會有意外之災，及車禍或傷災。

●**命宮再有『天空、地劫』同宮時**，表示其人非常聰明、清高，但不實際，對錢財看得淡，有哲學理念，會接近宗教，容易工作不長久，易入空門。

命宮再有『武曲化祿、七殺』入命宮時，是己年生的人，其人財帛宮會有『廉貞、貪狼化權』，表示其人本命很貪財、想掌權但財不多，有時也能賺一點錢。其人的財運是在不太好的狀況下，有時也能抓住一點機會的，但這種狀況不多，並且其人仍不會理財，而且破耗多，容易入不敷出。

『武曲、破軍』在命宮

『武曲、破軍』入命宮時，稱做**『武破坐命』的人**。會坐命於巳宮或亥宮，其人性格剛強、爽直，少年不利，易棄祖離家，不承祖業，為白手成之人，一生勞碌、六親無緣。其人喜歡冒險、性大膽，會孤注一擲，亦有精神上之空虛，會有巧藝維生，為較勞苦之功夫。

『武破坐命』，本命是『因財被劫』的格式，主窮命、破耗。其外表長相為瘦型。其人相照的遷移宮是『天相居得地』之位，表示生活上只有一般小市民的舒適境界。其人的財帛宮為『廉貞、七殺』，手中能賺的錢，和所經過的錢，都是需要十分辛苦打拚，但智慧又不高的方式所得來的。所以理財能力又不好，其人是處在一個周圍人都小有理財能力，但他自己是不會理財、又耗財的環境之中，因此他是個受人照顧的人。其官祿宮是『紫微、貪狼』，表示其人尚能在工作上有一點好運，及主貴的格局。因此只要努力工作，在工作具有一點成就，也能得到富貴了。

在**『武破坐命』的人，其夫妻宮是『空宮，有紫貪相照』**，表示其人在感情世界裡較空茫、桃花重，除非命格中有其他保守的格局，否則皆是易劈腿一族，或有多次婚姻，或多個男女朋友。感情也易是空茫的，不知要情歸何處，但也是複雜形態的，一生總是有很多段感情在交織著。

『武破坐命』者，命格強悍的人，可做軍警業或情報人員，命格溫和的人可在學術界、傳播界工作。坐命巳宮比坐命亥宮的人好，命格高一些，命中之財也稍多一些。**西安事變中的張學良就是『武破坐』命巳宮的人。**

『武破坐命』最怕『命、遷』二宮有『文昌』或『文曲』出現，這是既清高、又窮、又有水厄的命格，亦會為寒儒色彩的人，一生不富裕。也怕『左輔』或『右弼』同宮，代表有人幫忙『破』和幫忙愈來愈窮。

●**『武破坐命』，命宮再有『祿存』同宮時，**命坐巳宮時，表示你是一個保守、怯懦、性格小氣、吝嗇、不大方，很畏縮的人。人生也不會有什麼大成就，只是會小心謹慎的維持及保有自己衣食上的安全足夠而已。**在亥宮時是壬年生的人，有『武曲化忌、破軍、祿存』同宮，**是『祿逢沖破』格局，因此其人一生頭腦不清，尤其帳目不清，對錢糊塗，因此會欠債，拖累別人，自己又吝嗇，也享不到福。

●**再有『陀羅』同宮時，**表示是又笨又耗財、又窮的人，其人身體可能有鑼鍋的體形。其福德宮為『擎羊、天府』，本命就是『刑財』格局，故一生享不到財福。可做軍警業或粗工行業，否則也是會不工作，易為無業遊民。

己年生，命坐巳宮的人，命宮中遇有『武曲化祿、破軍、陀羅』，

也是『祿逢沖破』，但官祿宮有『紫微、貪狼居平化權』，仍會有一些工作機會來賺錢，只要努力打拚，就會有財祿可進。

●**再有『火星、鈴星』同宮時，**表示是急躁、脾氣壞的人，會有意外之災、車禍、血光等易受傷，或喪命。其人也喜歡爭強鬥狠。也容易耗財快、存不住錢。

●**再有『天空、地劫』同宮時，**表示其人命裡窮空，有遁入空門，委身宗教的狀況。其人會熱愛哲學，或空靈的事務，自然對俗世的生活、賺錢不感興趣，因此易不工作。要小心命不長，易有傷災而亡。

有『武曲化權、破軍』入命宮的人，是庚年所生之人。表示其人性格剛硬、強勢，愛掌權做主，愛管事，尤其是與錢財或與政治方面的事情，尤其愛管。其人會有專業能力工作，但婚姻不美。要不然就是工作多起伏，會有斷斷續續，中途中斷的問題，只有一般小市民命格。

有『武曲化科、破軍化權』入命宮的人，是甲年所生的人，其人性格強勢、喜歡掌權管事、喜愛打拚和投資，但破耗更凶，其人的『夫、官』二宮會有『擎羊』進入，因此會不婚，或婚姻有問題、離婚，或事業不長久、易失去或中途離婚。

有『武曲、破軍化祿』入命宮的人，其人是窮命格局，但喜歡花費及愛物質享受的生活。其人本身賺錢能力不好，但會到處找錢，因此會拖累別人，再另行找碼頭、找靠山生活。使身旁的人都很痛苦。

『天同星』在命宮

『天同』入命宮時，稱做『天同坐命』的人。是『福星坐命』的人，年輕時臉色白，長方面形、性格溫和、謙虛、脾氣好，精通文墨，一般較愛享福、享受。會較胖，容易懶散，也容易成為遊手好閒之人。

『天同坐命』的女子，會眉清目秀、身材較豐滿、愛撒嬌，有小孩子脾氣，亦容易愛享受、愛玩、懶散，較會照顧別人。因其性格軟弱，又愛撒嬌，有很多人會成為姨太太命。

『天同坐命』，需要看對宮的沖照星曜，以及八字的組合，才能定其成就。一般人較懶惰，沒有開創心，易與世無爭。但對宮星曜落陷時，反而能激發其人能稍有成就。**例如『天同坐命』巳、亥宮時，**『天同居廟』，其對宮為陷落的『天梁』，易東奔西跑，人生變化大，男命為浪蕩天涯之命，適合做奔波較多的工作或藝術家。女性易淫貪，桃花星多的人，適合做演藝人員。此命格的人，財帛宮是『空宮』，有『日月相照』，官祿宮是『機巨』。命格中有『陽梁昌祿』格的人，或命格高尚主貴的人，亦能有高學歷，能做教授、校長之職。無貴格的人，只為一般奔波勞碌、財少之小老百姓。

『天同坐命』卯、酉宮時，因『天同居平』，而對宮有『太陰』相照，一生愛談戀愛、講情。坐命卯宮的人，相照的『太陰居旺』，環境好，較富裕。也能得到溫柔多情的對待，一輩子生活舒適，享福多。命坐酉宮的人，其對宮照的『太陰居陷』，故一生較窮。別人對待他也較寡情、不溫柔，一生雖愛享福，但享福不多，很勞碌。

『天同坐命』辰宮的人，因對宮相照的『巨門』為陷落的，故一生是非多。小時也易被送人做養子女。一生環境不佳、爭執較多，也容易遇到災禍，其人身材也較矮小、瘦一點。其人的財帛宮是『天梁居廟』，官祿宮是『天機、太陰』，表示是『機月同梁』格的人，做薪水族較好，也會有人介紹工作或賺錢機會給你。

『天同坐命』的人，都屬於『機月同梁』格，最好不要做生意，要做薪水族，生活會平順。命中財多者，才能做生意。其人的幸福也是在家庭和樂方面。如果夫妻宮不佳，易離婚的人，也容易事業崩潰。因此要瞭解自己本命的目標走勢，強力追求一些不實際的夢想，便會浪費生命中寶貴的時間了。

●**『天同坐命』，再有『擎羊』同宮時，為『刑福』格局，**易身體傷殘，多災禍、是非。亦會多煩憂，夫妻宮會有『陀羅』出現。其人會自作聰明，不婚，晚婚。或找到比自己笨的配偶，工作上會有起伏，一生不順利，多血光之災。

●**再有『陀羅』同宮時，亦為『刑福』格局，**其人的福德宮會有『擎羊』出現。其人會較笨，有精神上之痛苦。常懷疑別人，不相信自己家人，而相信外人，易受騙上當。其人也會較窮及耗財多，賺錢能力不佳，財的來源也不好。

●**再有『祿存』同宮時，會在卯、酉、巳、亥宮的『天同坐命』**

者。其人性格保守，膽小，吝嗇、節儉，為『羊陀所夾』，故與家人不和，緣淺，人緣不好，一生會努力賺自己的衣食之需，生活無虞，但也無大出息、大成就。若再有『雙祿』格局，如再『天同化祿、祿存』同宮時，會生活再稍富裕一些，但仍不會成為大富翁。

●**有『火星、鈴星』同宮時**，亦是『刑福』格局，其人會性子急躁，脾氣壞，易與黑道有關，也易有意外災禍發生。

●**有『天空、地劫』同宮時**，若只有一顆『天空』，或一顆『地劫』在命宮時，在卯、酉宮，其官祿宮會有另一顆『地劫』或『天空』，表示頭腦有聰明、不實在、古怪，以致於在工作上會發生意外之事，或抓不住正題，或有不實際之現象。因此工作會有起伏、不平順。其人易接近宗教。如果『天空、地劫』一起和『天同』同宮入命宮，表示真是頭腦空盡了，思想很空靈，會花在乎一切，不切實際，四處為家，隨遇而安，易入空門，成各種宗教、不重現實。也容易有精神疾病，一生容易成為廢人，一事無成。

● **有『天同化權』在命宮的人，**其人外表會氣派、愛掌權做主，喜歡管別人，以在巳、亥宮居廟時最有利。在卯、酉、辰、戌宮時會愛管又中途不想管，易有糾紛。『天同化權』就是對享福有主導和增加的力量。也會是自然而獲得享福的力量。在巳宮有『天同化權、陀羅』同宮時，是用一種笨的思考方法，以拖拖拉拉的方式，再靠福力來強行做一些事，但也能做得成功。只是會耗費一些財力，或聽信一些受騙上當的語言而已。

● **『天同化祿』在命宮時，**是丙年生的人，表示其人好吃食、穿戴、打扮，特別好享福，會口舌甜蜜、能說善道，注重物質享受，也容易投機取巧過日子。**命坐巳宮時，有『天同化祿、祿存』同宮入命宮，是『雙祿』格局，**但其人仍性格保守、小氣和圓滑，特別知道如何享福，做人會小心翼翼，但人緣還不錯，一生的生活較順利，要努力才會有成就。

在辰宮，有『天同化祿、陀羅』入命宮時，表示做固定工作、上班族會薪水多一些，夠生活，但是這些人多是非，有雙重是非，且易耗財，也會自做聰明，做一些笨事。

『天同、太陰』在命宮

『天同、太陰』入命宮，為『同陰坐命』的人。在子宮入命時，雙星居廟位，本命財多。命坐午宮時，雙星居平位、陷位，故本命窮。此命格男子會得女性之助而成功。亦會外表長相陰柔、秀氣，有女人緣。女性是美麗多淫之人，感情不利，易做小或黑市夫人。

『同陰坐命』子宮，若再有折射的『陽梁昌祿』格的人，會有高學歷，能做清要之職，也適合做學術研究、藝術、醫藥，尤其適合中醫、中藥類或做婦產科醫生。**坐命午宮的人，**易為一般的上班族。命格主貴者，為寒儒色彩之人。

『同陰坐命』的人，其財帛宮為『空宮』，有『太陽、巨門』相照，官祿宮為『天機、天梁』，容易有貴人長輩介紹教職給你。你容易賺口才方面的錢財，保險業之類。因其遷移宮是空宮，故其人常搞不清楚自己該努力的方向。會試很久去找自己的路。『同陰坐命』子宮的人，是自己本命有財，但財不多，仍要努力去賺。命坐午宮的人，本命財少，更勞碌和賺錢辛苦了。

● **『同陰坐命』的人，其田宅宮都是『天相陷落』。**表示家中不平靜，較窮或有傷殘之人要照顧，或有災禍要撫平，故生活較辛苦。也會房產留不住。

●**『同陰坐命』，再有『擎羊』同宮時，表示是『刑財』又『刑福』（此命格不是『馬頭帶箭』格）的格局，**其人會為小事計較、內心笨，又會找到笨的配偶，或不婚。一生報怨連連，更會賺錢不多，生活辛苦，一生勞碌，沒福氣享，多煩憂，嘴巴很會說話，但廢話多、聒躁，容易有焦慮症，凡事要求太多，自己卻能力不足。

●**再有『祿存』同宮時，**表示性格保守、懦弱、小氣，所享的福也不多，能有衣食之祿而已。**命宮在子宮時，有『天同、太陰化科、祿存』入命宮，**表示其人很有方法的用保守心態來做薪水族的事，故有固定工作，生活平順。但和家人不和、緣份不深。**命宮在午宮，丁年生的人，會有『天同居平化權、太陰居平化祿、祿存』同宮入命宮。**表示其人很保守，薪水也不多，足夠衣食而已。其人緣關係也是保守的小範圍。其人想享福，又很操勞，金錢方面，仍多問題存在，存不住錢，精神上煩惱多，內心不平靜。也容易想管事，又中途撒手不管了。或根本管不動，別人不聽他的話。

●**有『火星、鈴星』同宮時**，其人性子急、脾氣壞，會刑財、刑福，耗財更快，更存不住錢，喜歡表現聰明，喜歡手機、電腦等高科技產品，或時髦打扮，容易入不敷出，也享不到福。

●**有『天空、地劫』入命宮時**，為性格清高，聰明但不實的人，會不重視金錢，有些錢不想賺，但又缺錢，會一生辛苦，內心空茫，生活易無目標，也會耗財多、存不住錢。

有『天同、太陰化權、擎羊』在午宮入命宮時，表示其人內心多煩憂，凡事細心、愛計較、喜歡管錢，也喜歡管女生，但又不一定管得著，別人不給他管。本命還是窮。**夫妻宮有『陀羅』**，基本上，內心還是用一種頑固又笨的方法在處理事情，易晚婚或不婚。亦會有較笨、話不多之配偶。

有『天同、太陰化忌』入命宮時，是乙年生人，表示其人外表溫和、頭腦不清，對錢財尤其不清，易有錢財上之困擾麻煩。**在午宮時，**更窮，有債務。在子宮也會有債務，也不易做公務員，做薪水族，也易斷斷續續做不長久，易會和女性不和、多是非。

庚年生人，有『天同化科、太陰化忌』入命宮，會公務員做不成，薪水族也易做不長久，但很有方法享福，頭腦不清，但會有人養活。

『天同、巨門』在命宮

『天同、巨門』入命宮為『**同巨坐命**』**的人**。因雙星俱陷落，又是陷落的福星和是非口舌之星並坐，故一生多口舌是非，常犯小人，易會和家人、朋友不合。其人外表溫和、內心多計較，愛佔小便宜，常自認懷才不遇，形影孤單。此命格女子外表嬌小豐滿、重情慾。男子中等身材，較溫和懦弱。

『同巨坐命』的人，其財帛宮為『空宮，有陽梁相照』，官祿宮有『天機居平』，表示財運和事業運皆不強，易不工作，靠人吃飯，或能工作，但無成就。須命格中有『陽梁昌祿』格之貴格者，能有貴人提攜，也會讀書而具有高學歷，而有較富貴平順的人生。命格中有『左輔、右弼』相夾命宮者，有父、兄助力，也能有機會成功。因其遷移宮亦為『空宮』，故其人一生也會對人生目標空茫。

『同巨坐命』的人，父母宮為『武曲、天相』，夫妻宮為『太陰』，故總是會有家人來照料他的生活。

● **『同巨坐命』，再有『擎羊』同宮時，在丑宮，**是癸年生人，會有『天同、巨門陷落』帶『化權、擎羊』同宮，因『擎羊居廟』的關係，其實是『擎羊』在主導的。此命格的人會比一般『同巨坐命』者強悍、好爭、操勞、多傷災，其人身體易傷殘。表面上性格軟弱，內心多奸詐，也會用笨方法來對人博取同情，易為無用之人。**在未宮，**丁年生人，**有『天同化祿、巨門化忌、擎羊』同宮，**其人也會身體有傷殘現象，需多次開刀來保全性命，一生也常在病痛之中。

●**再有『陀羅』同宮時，**表示有雙重是非口舌，其人性格悶、多計較，做事拖拖拉拉，慢吞吞，還不喜歡別人教他，會懷恨在心，其人的福德宮有『擎羊』，因此也不會有貴人來幫忙，容易上當、受騙，沒有工作能力。

●**再有『火星、鈴星』同宮時，**性子急、衝動，喜歡作怪異事情或打扮，脾氣壞，易有傷災、車禍、傷殘，**要小心擎羊在對宮或三合宮位**

出現，會有『巨、火、羊』格局，易暴斃或自殺而亡。

●再有『天空、地劫』入命宮時，其人的財帛宮會有另一顆『地劫』或『天空星』進入，表示對錢財的價值觀不佳，會清高，或不重金錢。有些錢你不賺，故易靠人生活，沒工作能力。

『天同、天梁』在命宮

『天同、天梁』入命宮，稱做『同梁坐命』的人。其人外表溫和、本性善良，但內心固執、脾氣硬，擅於外交，別人不會對他有防備心，他又喜歡照顧別人，故適合做服務業人員。但其擅於掩飾自己內心的事，喜歡管別人家的事，自己家的事不愛管，**因夫妻宮為『巨門』**，內心是非多，配偶口才好，易有爭執，配偶也會嚕嗦。

『同梁坐命』的人，是表面看起來很好說話，但實際上是不好說話的人，因此煩惱較多。

『同梁坐命』者的財帛宮為『太陰』，官祿宮為『天機』，是名符其實的『機月同梁』格，要做公務員或薪水族的命格。命坐寅宮的人較富裕一點，命坐申宮的人較窮一點。因其遷移宮皆為『空宮』，其人也易目標空茫，會找不到人生方向。仍主要以家庭幸福為人生主要的努力方向。

『同梁坐命』的人不容易形成很正統的『陽梁昌祿』格，若有折射的也不錯了，亦可具有高學歷來改變人生層次。

●**『同梁坐命』，再有『陀羅』同宮時，**表示其人頭腦會慢半拍、較笨、操勞，多煩憂，**因福德宮會有『擎羊』和『太陽』同宮，**故其人也會有事業不順利，做做停停不長久的問題。會手中財少，一生操勞、辛苦、鬱悶，人生多不順利。**命坐寅宮，乙年生人，有『天同、天梁化**

權、陀羅』在寅宮入命，表示會用自己的笨方法去照顧別人，或要當家做主，但仍會事業不順，錢財有問題。會有債務，人生搞得一蹋糊塗。

●再有『祿存』同宮時，表示人生的格局變小、變保守、變吝嗇，只會為自己衣食之祿在爭取，其人會怯懦、人緣不好，工作也做不長。

●再有『火星、鈴星』同宮時，表示其人會性子急、脾氣壞，做事馬虎，對人不真誠，容易說謊，說話不實在。一生中易發生意外傷災或血光。多勞碌、奔波。

●再有『天空、地劫』入命宮時，其對宮也會有另一個『地劫』或『天空』相照，因此易頭腦空空，思想清高聰明、不實際，會用另類思考來做事，也會走到另一種不算正常的道路上來過你的人生。因此你易工作多起伏，做不長久，或人生目標空茫，找不到好目標來努力。

有『天同化權、天梁』在命宮時，表示其人愛做主、又愛享福，

在寅宮有貴人相助，還管得不多，有人幫忙，也能輕鬆度過。**在申宮，**是無貴人相助，其人又強力愛掌權做主，又愛享福，故會操勞、忙碌，是非多。

有『天同化祿、天梁』在命宮時，表示其人會圓滑、口才好，有自然而然的衣食之祿，**其人『夫、官』二宮會有『擎羊』進入，**故易婚姻不美，或事業有問題，但仍能快樂生活。

有『天同、天梁化祿』在命宮時，是壬年生人，表示其人外表溫和、內心多煩惱，會有『擎羊』在『夫、官』二宮出現，內心會有包袱，故其人工作能力不佳，錢財會少，父母宮會有『武曲化忌、七殺』，自幼家窮，父母會有債務問題，也會拖累你，使你也不平順。

『廉貞』在命宮

『廉貞單星』入命宮時，只有在寅宮或申宮。『廉貞』是司品職和權令之星，又稱『囚星』。位居『身宮』、『命宮』，為桃花星，熱愛政治。其人有甲字型臉型，大臉、顴骨高，眉寬、口橫，眉毛粗黑、眼大。中等身材，腰臂略往下墜。其人能言善辯、性子烈、喜表現，主觀意識強，固執剛強，做事有衝勁、好競爭，事業心重，肯努力奮鬥、愛管人，不喜被人管。有時做事會慢慢來，或在檯面下運作，不會光明正大的競爭。

『廉貞坐命』者凡事喜歡做計劃，尤其對事業計劃更多。亦多政治性爭鬥，還要特別小心官非、官符之事。因其對宮（遷移宮）相照的『貪狼居平』，因此在外好運只有一點點，而且環境變化速度很快。其人很愛做人際關係，喜和人拉交情，但人緣關係並不真正好。男命易有酒色、財氣的問題，要小心惹事端，影響前程。此命女子也大膽、潑辣、重事業，易有邪淫桃花。

『廉貞』單星坐命者，其財帛宮為『紫微、天相』，官祿宮為『武曲、天府』，表示工作上能生很多的錢財，財運一直很順利，會理財。也容易做與金融財政有關的工作。故也適合做事務性官員。其人的夫妻宮為『七殺』，喜歡能獨當一面，忙碌有用的配偶，不喜柔弱無用的人，因此夫妻能各忙各的，或相互分配好家庭中的工作，也能有幸福的家庭生活。

●**『廉貞』坐命，再有『文昌、文曲』入命宮時，**易油腔滑調、為人好色，有某些方面的頭腦不清。

●**再有『左輔、右弼』入命宮時，**表示會心狠手辣，想得到的東西會不擇手段，亦會操勞用盡心機。

●**再有『陀羅』同宮時**，表示其人腦子笨、內心計劃陰險之事會露餡。其人也會做事拖拖拉拉、不積極，或是內心多煩憂、計劃更多，難以實現也更耗財。**其人的福德宮有『破軍、擎羊』和財帛宮形成『刑印』格局**，故錢財不多，會更操勞辛苦，也留不住錢。

●**再有『祿存』同宮時**，其人會性格保守、吝嗇、小氣，人生格局不大。會受眼前的桃花色情，亦沒有大志向，但會辛苦積蓄，以求溫飽。其人緣不佳，為『羊、陀』所夾，六親無靠。**命坐寅宮時，為甲年生人，命宮有『雙祿格局』，有『廉貞化祿、祿存』入命宮**，仍是小氣、保守、吝嗇，只顧自己享受、色慾多的命格，有特殊嗜好，但無大發展及成就。

●**再有『火星、鈴星』同宮時**，為人性急、脾氣壞、較險惡，會狼

心狗肺。脾氣古怪、較狠，有暴發運，但也耗財多、有意外之災。

●**再有『天空、地劫』入命宮時**，其對宮（遷移宮）會有另一個『地劫』或『天空』相照，弄不清楚真相而投資失敗，或工作上有失錯。耗財多，人生有起伏變化，無法貴顯或有富貴。

有『廉貞化忌』在命宮時，表示頭腦不清，易有官非、災禍，也會有血光問題，要小心車禍或開刀，或政治鬥爭，遭暗殺，易不善終。

『廉貞、天府』在命宮

『廉貞、天府』入命宮時，稱『廉府坐命』，其人生性節儉（對別人節儉，對自己大方）、小氣，但善於外交，喜歡拉關係，愛交際應酬。因本命有財庫星『天府居廟』入命，故本命稍財多，但頭腦不聰明，其人容易用一些粗俗或簡單的方法來賺錢。在企劃能力上很差，也少用大腦。通常他們外表老實、忠厚、話少，知進退。因朋友宮有『陽梁』，故會有貴人提攜。其人的財帛宮是『紫微』，官祿宮是『武曲、天相』。能一生不為錢愁，也會有一定的工作成績。工作方面較會和賺錢、理財方面事務有關。但其夫妻宮有『破軍』入宮，易有不倫戀情或離婚問題，婚姻不美。

●**『廉府坐命』，再有『擎羊』同宮時，是『刑財庫』的格局**，本命較窮，也會身體上有問題，例如有眼病、肝病，或脊椎骨的毛病。亦會存不住錢。更容易煩惱多、心悶，以及會和對宮形成『廉殺羊』、『路上埋屍』格，會有車禍而亡的危險。**算好『大運、流年、流月』以預防，可避免。**

●**再有『陀羅同宮』時，亦是『刑財庫』格局**，財庫易磨破了。本命也會窮。**其福德宮會有『擎羊』和『貪狼』同宮**，又是『刑運』格局。故你會人緣欠佳，財運不好，亦會形成『廉殺陀』格局，車禍而亡。

●**再有『火星、鈴星』同宮時，亦會『刑財』，**為人會奸詐、性急、火爆、脾氣不好，不厚道，想賺的錢會賺不到。亦會有火災、燙傷、車禍、血光、突發事件，意外之災，要小心。

●**有『天空、地劫』入命宮時，**其人的福德宮會有另一個『地劫』或『天空』和『貪狼』同宮，表示本命是『運空』的色彩，故其人常腦子空空、不實際，有機會也抓不住。或腦子有奇怪、不實際的想法，自做聰明而錯失良機。**有『廉貞化祿、天府』在命宮中的人，**會有特殊嗜好的行為，但也會妻管嚴。**有『廉貞化忌、天府』入命宮的人，**頭腦不清，有官非，易招是非、散財，有精神疾病，或有血液方面的問題，或多血光之災。

『廉貞、天相』在命宮

『廉相坐命』的人，外表溫和、穩重，有時易高傲、不喜言談、較靜，一般膽量小，常有妻管嚴現象。命宮中無煞星的人，宜服務公職，能平步青雲，事業一帆風順。也能成為管理階級人才。

『廉相坐命』者，其財帛宮為『紫微、天府』，官祿宮為『武曲』，因此會做賺錢多的行業，一生以賺錢為職志。也會做政治業，仍是以賺錢為職志之人。其人因遷移宮為『破軍』，故一生容易處在動盪不安的生活裡，也容易和品行不佳的人相處。**倘若『命、遷』二宮再有『文昌、文曲』進入時，就會形成『窮命格局』，**則一生不富裕。**如在子宮有『廉相、文昌』同宮，**還能有文質氣息，會清高、氣質好，對錢財看輕，有不實際的清高想法而已。如果在午宮，則是粗俗又窮的格局了。

●**『廉相坐命』，再有『擎羊』同宮時，為『廉相羊』為『刑囚夾印』之惡格**。易懦弱被欺負，其人也會內心奸詐、不實在，一生難有大出息。也會是窮命，生活辛苦。**再有『廉貞化忌、天相、擎羊』同宮時，為『刑囚夾印』帶化忌，**易遭災而亡，或犯官非而亡。其人頭腦不清楚，易和非法有關，亦會為傷殘之人，會動手術糾正。

●**再有『祿存同宮』時，**表示其人性格保守、小氣、吝嗇，與家人不和，為人孤獨、人緣不好，與父母緣份差。未來也沒有貴人相助。

●**再有『火星、鈴星』同宮時，**會頭腦聰明，但有邪佞思想，脾氣急又壞，容易與黑道有關，非善類。亦要小心有身體傷災。

●**再有『天空、地劫』入命宮時，**其夫妻宮會有另一個『地劫』或『天空』，為頭腦不實際，有些錢你不想賺，有些東西你不想貪，因此易沒有上進心，凡事看空，易與宗教接近。

『廉貞、貪狼』在命宮

『廉貞、貪狼』入命宮，稱做**『廉貪坐命』的人，**會在巳、亥宮坐命。**『廉貞』和『貪狼』都是居陷的。**其人外表有些還長相不錯，但人緣不好。以坐命巳宮比坐命亥宮者較好。其人容易多說少做、沒主見、意見又多、愛幻想，較喜歡酒色財氣，易犯官符。此命的女子，是口直心快的人，很潑辣，富有野性美，桃花多，會有邪淫桃花，也易是劈腿族中一員，如有『天空、地劫』同宮或相照，則無桃花。

『廉貪坐命』者，其對宮是『空宮』，財帛宮是『紫微、破軍』，官祿宮是『武曲、七殺』，表示花錢花得凶，賺錢卻十分辛苦，而且賺不多。花錢卻花一流的錢。此命格的人，最好做軍警業或公職，否則常有金錢困擾。

『廉貪坐命』的人，要看其『八字』好壞，『八字』好的，若有『陽梁昌祿』格或其他貴格的人，也能有大發展。**例如美國總統小布希就是『廉貪坐命』的人。**如果『八字』差的人，也會有孤寒、下賤、棄祖離家之人，一生顛沛、勞碌，經濟不富裕，一些菲傭、泰勞常有此命格。

●**『廉貪坐命』，再有『陀羅』同宮時，為『風流彩杖』格，**逢巳、亥年會因桃花風流事件、男女混亂邪淫的關係而遭災。入命宮時，其福德宮有『天相、擎羊』，**是『刑印』格局，**故其人會因為笨，又喜歡搞邪淫關係，天生就容易受欺負，其人為窮命色彩的人，也會思想奇怪，用邪淫方式來得財，故為下賤之人。

●**再有『祿存』同宮時，**是保守、吝嗇、小氣，有少許衣食之人，人緣很差，較孤獨。**在巳宮，丙年生人，有『廉貞化忌、貪狼、祿存』**

入命宮，其人會頭腦不清，有爛桃花，有官非纏身。仍會保守、小氣，但仍是非不斷。**在巳宮，戊年生人，有『廉貞、貪狼化祿、祿存』同宮入命**，表示仍保守，但人緣上略好一點，機會也略增多一些。仍只有衣食之祿而已。

●**再有『火星、鈴星』同宮時**，有『火貪格』或『鈴貪格』暴發運格。流年入本命年，就有大財富會爆發。其人也會脾氣怪、急躁、衝動，人生大起大落。也易得躁鬱症。

●**再有『天空、地劫』入命宮時**，表示其人本命就是頭腦空空，什麼也不在乎的，因此宜寄身宗教。

『廉貞、七殺』在命宮

『廉貞、七殺』入命宮，是『廉殺坐命』的人。其人外表保守，因廉貞居平的關係，並不聰明，會蠻幹、肯吃苦、有衝勁、肯打拚，身體容易有傷。如果有『陽梁昌祿』格的人，能有高學歷，會從事法律或法官等行業，無煞星同宮者為『雄宿朝元』格，有『煞星』同宮時，從武職較佳。

『廉殺坐命』者，很節儉，能積蓄致富。其人的財帛宮為『紫微、貪狼』，官祿宮為『武曲、破軍』。他們會做財不多的行業，能為理想而工作。在錢財方面仍有辦法平順，過得好像很富裕的樣子。『廉殺坐命』者，大多數都有家財，是省吃儉用的結果。前行政院長游錫堃就是典型『廉殺坐命』者。

● **『廉殺坐命』者，再有『擎羊』同宮時，**其人身體會有毛病，會有血液方面的病變，亦會有傷災。**此命格為『路上埋屍』格，**其人會特別聰明，但會因車禍或開刀而亡。

●**再有『陀羅』同宮時**，其福德宮有『擎羊』獨坐，其人內心較笨，又多煩惱，沒福氣，財少，命格也不佳，會有傷災而亡。

●**如果再有『文昌、文曲』入命宮時**，要小心心臟病，開刀和情色過度而傷身。

●**再有『火星、鈴星』同宮時**，為脾氣火爆、衝動、凶狠之人。也容易有想不開的念頭，或有躁鬱症。

●**再有『天空』或『地劫』同宮時**，其財帛宮會有另一個『地劫』或『天空星』和『紫貪』同宮，表示頭腦空空，不實際，沒有金錢觀念，故手上的好財運，也隨之成空。你會有的錢你不賺，而生活困苦。

再有『廉貞化祿、七殺』同宮時，表示會有特殊嗜好，桃花人緣略多一些，但打拚能力就不強了。**在未宮時**，對宮會有『陀羅』。在丑宮，**會有『廉貞化祿、七殺、陀羅』同宮**，都會形成『廉殺陀』的惡

格，因此要特別小心交通意外。

再有『廉貞化忌、七殺』同宮時，要小心身體有問題，有血液的毛病。其人也會頭腦不清，做不了什麼事。

『廉貞、破軍』在命宮

『廉貞、破軍』入命宮，稱做**『廉破坐命』的人**。其人能吃苦，性格堅強，外表長相男子較醜，中等身材、口才不錯，但有時說話狂妄，平常話少，較陰沈。其人易橫發橫破。在官祿宮為『武貪格』偏財運格。故其一生為大起大落的人生。其人會破祖離家，白手成家。

『廉破坐命』，若『命、遷』二宮有『文昌、文曲』入命宮時，會是窮命，但出手大方。女子為上述命格時，會具有大嘴、大眼，具有西方美，且氣質高雅。不重錢財。

此命格的人，都膽子大，因此人生的變化也大。為人衝動，容易被刺激，又更衝動。因此破財也凶。其人的財帛宮是『紫微、七殺』，因此必須要做最好的努力和打拚，再加上工作上的暴發運，因此會形成奇妙的一生。其人的遷移宮是『天相陷落』，表示是始終擺不平，整理不完的環境。同時也是『無福』的環境。因此他們常在災禍現場出現，或在混亂的政治爭鬥場合出現。

● **『廉破坐命』，再有『擎羊』同宮時，在卯宮，**為甲年生人，有**『廉貞化祿、破軍、擎羊』在命宮，**容易身體有問題，也容易有外傷、殘廢或死亡之事。更易有憂鬱症，會有想不開的念頭。因『擎羊』和對宮的『天相』，形成『刑印』格局，故會膽小怯懦，易遭欺負。更容易腦子有邪惡陰險思想。易不婚或離婚，也會拖拖拉拉結不成婚。一生都運氣不好，也易窮困。**在酉宮，亦為甲年生人，有『廉貞化祿、破軍』**

入命宮，對宮有『天相、擎羊』相照，此人桃花多，愛管閒事，但多管破破爛爛之事。**前立法委員林瑞圖先生即是此命格的人。**

●**再有『祿存』同宮時，**其人性格保守、吝嗇、膽小、人緣不佳，較孤獨。但會自食其力，顧自己的生活，仍不算富裕。

●**再有『火星、鈴星』同宮時，**其人性格古怪，火爆，有躁鬱症，易為黑道、行為粗暴，會有想不開的念頭，被刺激時更衝動。

●**有『天空、地劫』入命宮時，**其官祿宮會有另一顆『地劫』或『天空』，因此會頭腦空空，工作會斷斷續續、有起伏。也會沒有暴發運，做人不實際，財也會少很多。且易有意外之災及財窮的結果。

『天府』在命宮

『天府』單星入命宮，是**『財庫星』入命宮。**會在丑宮、卯宮、巳宮、未宮、酉宮、亥宮出現。因其旺度不同，而代表其財庫的大小。在丑、未宮居廟，財庫較大、財多。在酉宮居旺，財庫次之。在卯、巳、亥宮居得地合格之位，為小財庫。

『天府坐命』，也會因為其對宮相照的星曜，受其影響而有人生的不同境界。『天府坐命』，其財帛宮都是『空宮』，官祿宮為『天相』。表示其財祿都是別人的，要辛苦努力工作，幫別人算帳，才會自己也能有錢。

『天府坐命』，為中高身材，居廟或居旺時，微胖，性格是外柔內剛，較高傲，也會爭奪權利。女命會有旺夫益子、端正、機敏的特質。其人外表忠厚、坦白，很老實，心善，愛操心、嘮叨、愛管事，對錢吝嗇，做事按步就班，容易無衝勁，較無魄力，其人適合做公務員。無煞星沖破時，其人會記帳，一生錢財順利，不為財愁，只要有工作，就有儲蓄。女命則較勞碌，會為家庭付出很多。

●**『天府坐命』，再有『擎羊』同宮時，為『刑財格局』，是『財庫』破了洞**。其人身體會不好。會勞碌辛苦，仍會有財生活。其人會較陰險狡詐，為人不實在，也容易愛計較、好競爭、鬥爭而對自己不利。也容易命不長，及有精神痛苦。

●**再有『陀羅』同宮時**，是財庫磨損了。其人會較笨，做事拖拖拉拉，本命的財，沒有那麼多。亦會有精神方面的痛苦。其為人方面，仍會奸詐，耗財會很多。容易自大、固執、愚笨而害到自己。

●**再有『火星、鈴星』同宮時**，其人會性格急躁，易有躁鬱症，脾氣古怪，奸險，會有意外之災、車禍、燙傷等問題。也易耗財快。

●**再有『天空、地劫』同宮時，命宮有一個『天空』，或『地劫』，**其人只是頭腦不實際，易有怪異思想、清高。對錢財看淡、做事好高鶩遠，不易成功。在巳宮或亥宮時，是頭腦空空，易有精神疾病，易六親無靠，也易早夭。

『太陰』在命宮

『太陰單星』坐命，在酉宮、戌宮、亥宮為廟旺。在卯宮、辰宮、巳宮為居陷。其人廟旺時會微胖，陷落時為瘦型，中高身材、臉圓帶方，外型是文靜怕羞，而內心好動性急，好享受，易飄泊，也易與女性接近。**若『身宮』有『太陰星』，為隨母改嫁或離祖過繼他人之命。**

『太陰坐命』的人，性格仁慈，但會有猜疑心，會有感情困擾，也喜歡戀愛的享受，是心靈脆弱之人。此命格之男子，會有女性較陰柔的氣質，能得女子之助而成功。桃花太多時，亦會因女性而失敗。

『太陰坐命』的人，喜歡買房地產，亦會存私房錢。因『太陰』

為田宅主，又為陰財之故，代表與銀行關係皆好。其人的命格為『機月同梁』格，做上班族及薪水，才能享福，否則易操勞。

『太陰坐命』卯宮或酉宮的人，對宮為『天同』，表示環境平和，故其人會較懶、沒衝勁。其財帛宮是『太陽』，官祿宮是『天梁居旺』，會有長輩或貴人介紹工作，工作上也會名聲響亮。坐命酉宮的人，會錢財順利，事業好。坐命卯宮的人，本命財少，如有『文曲』同宮，可做命相師，一生會有飯吃。

坐命辰宮或戌宮的人，對宮相照的是『太陽』。坐命辰宮的人，環境晦暗的，靜默的。坐命戌宮的人，其環境是熱鬧而光明的。其財帛宮為『天機居廟』，官祿宮為『同梁』。表示手中錢財常在變化、起伏。事業上有平順、溫和的格式。但坐命辰宮的人會愛玩，工作時間少。坐命戌宮的人，會努力勤勞一些，故也財多、生活舒適。

『太陰坐命』巳、亥宮的人，對宮都是『天機居平』，表示環境中多變化。其財帛宮為『空宮』，有『同巨相照』。官祿宮為『陽梁』。表示手中錢財不算順利，但事業會有名聲響亮的機會。『太陰坐命』亥宮的人，本命財多。事業運也好，又會存錢。故一生財富較多。坐命巳宮的人，本命財少，事業運如日落西山，一生財富和享用都較少，中年時期也會怠惰。

●**『太陰坐命』，再有『擎羊』同宮時，為『刑財』格局。**『太陰居廟、居旺』時，會刑財、刑感情。『太陰居陷』時，不但『刑財』、『刑感情』，更傷及自身，有傷殘現象，會瞎眼、有肝病，亦易自殺而亡。並且刑剋家中女性，與女性不合，亦或不婚、離婚，感情不順。財留不住，易耗財、煩惱多，有精神疾病，易挑剔別人。

●**再有『陀羅』同宮時，其人的福德宮會有『擎羊』，**故會心悶，有精神上之不愉快，也容易有精神疾病而自殺。其人會腦子笨，做事拖拖拉拉，原地打轉，又會委罪給他人。

●再有『火星、鈴星』同宮時，其人會性格古怪、愛時髦、愛表現，會耗財，及有意外傷災、車禍等。也易有精神疾病，情緒易急躁，衝動、反複，做事不長久，沒有持續力。

●再有『天空、地劫』入命宮時，只有一個『天空、地劫』同宮時，表示是財空或劫財格局，會對錢財不實際，對感情問題不實際，好高騖遠，掌握不住錢財和感情。有『天空、地劫』和『太陰』一起在巳、亥宮同宮時，表示錢財和感情真的空空如野，會有精神疾病，也會無工作能力，靠人生活。

●有『太陰化權』入命宮時，『太陰化權』在酉、戌等宮，表示對女性有主導力量，女性會聽你的話。你也能管理錢財，理財能力好，會有潔癖、愛整濟，會對房地產有掌控力，愛買房地產，也愛儲蓄。更能主導愛情，一生會快樂幸福。**『太陰化權』在卯、辰、巳宮時**，表示你愛管女生，又管不到，她們會排斥你，你也會管了一半又不管了。你對錢財的掌控不佳。錢會愈管愈少，讓女性抱怨。房地產、儲蓄愛情都是一樣，愈做愈不好。

有『太陰化祿』入命宮時，如在酉、戌、亥等宮，表示與女性能圓滑交往、感情親密。也能理財賺錢多，更會儲存錢財多，或買房地產多。在愛情上能享受戀愛樂趣。戀愛機會特多。**如在卯、辰、巳等宮**，表示與女性之間淡薄的感情略為好一點，但仍不親密。在賺錢理財方面，已有改善，但仍賺不多，存錢也不多，想存又存不了。想買房地產也不一定能如願，在愛情上機會不多，但已顯露曙光。

有『太陰化科』入命宮時，如在酉、戌、亥等宮，表示外表有柔美氣質，惹人喜歡、愛戀。你也會有方法去溫柔，裝作小女人來討人喜歡。你更會有體貼的心來照顧別人，做事、存錢都有方法，很能幹。在戀愛上也能得心應手。**如在卯、辰、巳等宮**，表示稍有氣質，但能力仍不佳、體貼也不足，不算能幹，做事的能力和理財存錢能力都無法展現出來。

有『太陰化忌』入命宮時，如在酉、戌宮時，其人會頭腦不清、脾氣會古怪，但本命仍財多，會有古怪的理財概念，與女性不合，感情易不順。**在亥宮**，為變景，因此頭腦不清的狀況較輕微，看不出來。錢財不順的狀況也較輕。但仍有女人方面的不合問題，以及儲存錢財的問題。**在卯、辰、巳宮時**，會頭腦不清、欠債、感情糾葛、是非多，與女人不合問題大。會一生窮困，也易有精神疾病。

『貪狼』在命宮

『貪狼』單星入命宮，會在辰、戌、子、午宮居廟或旺。在寅宮或申宮居平位。

『貪狼』是好運星，亦為桃花星。在辰、戌、子、午等宮入命時，外型會肥胖長聳、較高大。在寅、申宮居平，較中等身材。

『貪狼坐命』的人，性格威猛剛強，有機謀、好動、不耐靜、做事迅速，馬虎、不精細。其人會慾望多、嫉妒心重，好爭、愛求表現。驛馬重，會東奔西跑。凡事多才多藝，博學而不精。一生好賭博、喝花酒，會瞞人自己學神仙術或偷偷學算命。

『貪狼』入命宮時，其人是腦筋一流的人，反應快、學習能力特強，做事速戰速決，能言善道，人緣特好，但不真誠，心事不會告訴任何人。其人較自傲，喜怒無常、不定性，容易掩飾自己的缺點，好大場面。凡事也好大喜功、不實在。

『貪狼坐命』，是『好運星』坐命，要以對宮相照的星曜來看好運程度與是那一種好運？**例如『貪狼』在辰、戌宮時，**對宮相照的是『武曲居廟』，表示是財和政治方面的好運。會形成『武貪格』偏財運格，會爆發大財富，和大富貴。一生的成就也大。**又如『貪狼』在子、午宮時，**對宮相照的是『紫微』，表示是主貴的格局，必須再有『火、鈴』來促成暴發運才行，否則只是一般平順、高級的生活。**如『貪狼』在寅、申宮時，**對宮相照的是『廉貞』，表示是鬥爭和暗中企劃的格局，也必須再有『火、鈴』來促發暴發運，才會有亮麗的人生。

『貪狼坐命』的人，財帛宮都是『破軍』，官祿宮都是『七殺』，表示其人理財能力很差，又愛花錢、耗財多，因此必須工作上努力賺回來，所幸他們天生運氣好，故都能賺得到。

● **『貪狼坐命』，再有『擎羊』同宮時，為『刑運』格局，**其人會人緣不佳、運氣不好，少外出活動。也會錢財不多，工作機會少。**其人的夫妻宮會有『陀羅』，**表示內心笨，會有精神上的煩憂、心情不開朗，要小心傷災和自殺。易有精神疾病。

● **再有『陀羅』同宮時，亦為『刑運』格局，**其人會腦子笨、運不開，其人的福德宮有『擎羊』，一生多操勞奔波而不平靜。亦會心悶，有精神上之痛苦。更為耗財，或運氣不順。

● **再有『火星、鈴星』同宮時，在辰、戌宮出現時，有『雙重暴發運』，**只要沒有『天空、地劫』和『化忌』同宮相照，就會有『雙重暴發運』，能得大錢財、大富貴。在子、午、寅、申宮，皆為『火貪格』或『鈴貪格』，會暴發錢財，其威力沒有在辰、戌宮的雙暴發運大。但仍能多得錢財。

●**再有『天空、地劫』入命宮時，表示是『運空』或『劫運』格局**。只有一個『天空』或『地劫』，是頭腦不實際、清高，有些錢你不賺。也會對某些事太樂觀而上當。**在寅、申宮有『天空』、『地劫』在『命、遷』二宮相對照時**，表示頭腦不實際，眼睛看到的也不實際，你會做很多事情都無結果，易一事無成。

有『貪狼化權』在命宮時，表示其人好掌權，又對好運有主掌力，其人做人強勢、好爭，大家都要讓他。因此他成功的機運較大。**如果有『擎羊』同宮時**，會更好爭，更足智多謀，更操勞，但也會對財運有些傷害。

有『貪狼化祿』在命宮時，表示生性更油滑、人緣好、口才好，更會討好人，運氣更好，但做人不實在，也更不會對人真心了。**如果再**

有『擎羊』同宮時，好運會減半、人緣關係會差很多，或是根本變成奸詐而圓滑又討人厭的樣子了。**有『陀羅』同宮時，**是笨又自以為人緣好的樣子，也會讓人討厭。

有『貪狼化忌』在命宮時，表示其人心情很悶，常有頭腦不清的時候，很靜，人緣不佳、少外出活動，少與人來往，很保守，機運也不佳，有古怪的脾氣和運氣，一生都不順利。

『巨門』在命宮

『巨門』單星入命宮，會在子宮、午宮、辰宮、戌宮、巳宮、亥宮等六個宮位。『巨門』出現在每個宮位，其旺度都不同，會有差別。在子、午宮是居廟位的，在巳、亥宮是居旺的，在辰宮、戌宮是落陷的。

『巨門居旺』以上入命宮時，其人會身材較壯、較高大，**落陷時**，身材矮小、瘦弱。

『巨門坐命』的人，非常聰明，性多疑，有研究精神，對人對事挑剔，注重小節、嘮叨，容易不滿現狀，對生活不滿足。尤其猜疑心重、口舌是非特多，做事常進退反覆，喜矇騙，不願老實講，與朋友相交多半是初善終惡，朋友不長久。學東西又是多學少精，一生口舌便佞、勞心勞力。

『巨門坐命』，要看對宮相照的星帶來好運，也要看有無『陽梁昌祿』格等貴格，來增高人生層次。此命格的人，多半以口才維生，做與口才有關的工作。

『巨門坐命』子、午宮居廟的人，遷移宮是『天機居廟』，表示特別聰明，應變能力好，而且人生也是不斷變化，有愈變愈好的趨勢，倘若停滯不動，就會運氣不好，也會變笨了。

此命格的人，其財帛宮為『空宮』，有『同梁相照』，官祿宮為『太陽』。命坐子宮的人，事業運較好，一生較會有成就。**命坐午宮的人，**較悠閒、事業運為『太陽居陷』，會中年怠惰而不佳。如果有『天機化權』在遷移宮或『巨門化權』在命宮中的人，人生中就會有成就。在子宮逢此格局者亦為『石中隱玉』格。

『巨門坐命』在巳、亥宮居旺的人，遷移宮是『太陽』，坐命亥宮比坐命巳宮為佳，因周圍的環境有大太陽較光亮明朗、運氣較好。坐命巳宮者之周圍環境較晦暗、運氣不好。**其人的財帛宮是『天機陷落』，官祿宮是『天同居平』，**表示其人必須以主貴的格局來建立人生層次。因為手中可運用的金錢少，賺錢的會不多，事業也只是普通的工作，賺不了什麼錢。**因此，有『陽梁昌祿』格等貴格的人**，能做高級公務員，會有較優質的生活。無貴格者，又有『日月反背』格局者，一生不富裕，生活較艱辛。幼年也易遭棄養。

『巨門』在辰、戌宮居陷的人，其對宮為居平的『天同星』，表示其人較溫和、懶惰，喜歡用一些口舌便佞之事來享福。但一生仍免不了口舌是非與災禍頻仍。此命格的人，**財帛宮是『太陽』、官祿宮為『空宮』有『機陰相照』**。此命格的男子工作多不穩定，薪水常有變化，容易失業。此命的女子多靠配偶生活，自己不工作，在家管理家務。

『巨門』在辰、戌入命宮，要小心『火星、鈴星』同宮或相照，更怕有『羊、陀』一起來會，稱『巨逢四煞』格，『流年、流月』碰到，主自縊而亡或死外道，亦要小心火厄、災變。

有『巨門化權』入命宮時，其人對任何人都有說服力，有口才魅力，具有煽動性，適合教書或做民運活動、能強辯，也能瞎掰，因此有能主控群眾的力量。

有『巨門化祿』入命宮時，表示有甜言蜜語，會哄人、口才滑溜，很會講話，能因口才好的關係使自己得利。此命格的人因有『太陽化權』會在對宮，或財帛宮或官祿宮出現，而『太陽化權』必須居旺才有用。因此會對男人、對事業有絕佳的影響力，也會有成就。

有『巨門化忌』入命宮時，其人頭腦不清、廢話多，或根本話少、不講話，脾氣古怪。其人的面色就有矇矓的感覺。其人一生有雙重口舌是非、麻煩不斷。而且其人的身體也會有問題。要小心和吃食、消化系統有關的病症。

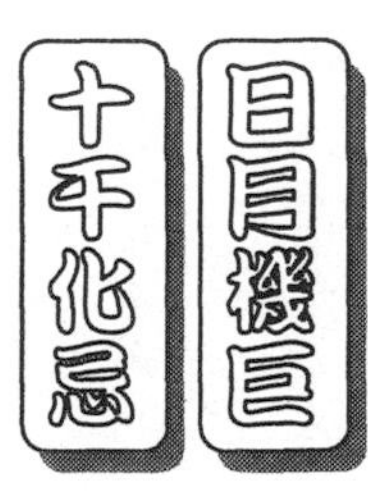

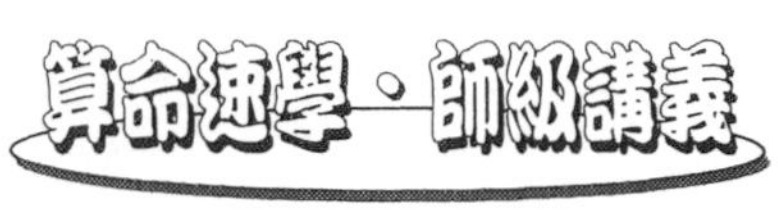

『天相』在命宮

『天相』單星入命宮，會在丑宮、卯宮、巳宮、未宮、酉宮、亥宮等六個宮位。『天相』在丑宮居廟，其餘在卯、巳、未、亥是得地合格之位。在卯宮或酉宮居陷。

『天相』是福星（勤勞的福星），管掌印，亦掌管衣食享受。『天相居廟』時，衣食享受優沃，且源源不斷。居得地之位為中等的衣食享受，居陷位時，較窮困、不安定、吃食少、衣不美。

『天相』的對宮一定有『破軍星』，故『天相星』是修復、醫治及復建環境中的動亂破壞，使恢復秩序，能有衣食之樂的福星。也因此，凡事『天相坐命』會誕生，必是家庭環境中有某些事情是要此人來平復的。

『天相坐命』的人，要看對宮有什麼星，要看環境中是怎麼個破法，才能定命格高低。**例如『天相坐命』丑、未宮時，其對宮為『紫相』，**表示環境中表面還高貴、美麗，但暗中爭鬥多，或已破敗不全了。但還會有假相撐著場面。**『天相坐命』巳、亥宮的人，對宮是『武曲、破軍』，**代表環境很窮、不富裕，或與軍人有關。**『天相坐命』卯、酉宮的人，對宮是『廉貞、破軍』，**代表破的更凶、更窮，而且雜亂、爭鬥多。因此你可以看到『天相坐命』的人，環境都是不好的。

『天相坐命』的人，最怕有『擎羊』同宮，或在對宮相照，會有『刑印』格局，會懦弱、膽小怕、受人欺侮，也會本人陰險狡詐，不為善類，會無所作為。**更怕有『文昌、文曲』同宮或相照，會和對宮的『破軍』形成『窮』的格局和水厄。**一生會形成只是周轉性的財運，容易永遠追著錢跑，但存不了錢，也生活不富裕。

『天相坐命』的人，性格溫和、衝勁不足、相貌端正、長相忠厚、不偏私、有正義感和幽默感，喜歡調解紛爭、服務熱心、愛管閒事、又怕事，喜歡做和事佬。平常好美食、衣著，喜清閒生活，不喜惹無謂的麻煩。有時又很雞婆，好的時候很好，不好就很排斥。**『天相居旺』時，**都會理財，會存私房錢。但要小心印鑑、文書、支票、契約等問題。

● **『天相坐命』，再有『擎羊』同宮時，為『刑印』格局，**其人會懦弱、膽小，易受人欺騙和欺侮，但其人也會陰險狡詐。其人一生掌不了權、說話怯懦，沒份量，也會耗財多，辛苦勞碌，享不到福。且易有傷災，或遭災而亡不善終。女子會遭強暴，男子也易遭盜用印鑑、盜財。其人本身身體也會有問題，易傷殘。

● **再有『陀羅』同宮時，**會頭腦笨，做事拖拖拉拉。『天相坐命』

者本身速度就會慢半拍，此刻就會顯出笨相，常遭人罵了。但他們始終會用笨方法做事、慢吞吞的做，又辛苦、又操勞，內心又怨恨，但還一直做下去，會破相、勞心勞力，精神不愉快、福不全。

●再有『火星』或『鈴星』同宮時，其本人身體有病痛，或帶疾延年，或有殘疾現象，也易與黑道有關。其人頭腦有古怪聰明，但易不走正路。

●再有『天空』或『地劫』同宮時，頭腦清高、不實際，好高騖遠，理想高，多說少做，易不富裕。**有『雙星』一起在命宮時，易入空門或其他宗教，或靠人過日子，也易短命。**

『天梁』在命宮

『天梁』單星入命宮，會在子宮、午宮、丑宮、未宮、巳宮、亥宮等六個宮位。在子、午宮居廟，在丑、未宮居旺，在巳、亥宮居陷。

『天梁星』入命宮時，為長方型臉型。**居廟時**，其人高大而壯碩。**居旺時**，中等身材，也壯碩。居陷時矮而瘦。此命格的人，都有孤高不群和固執、自負、有威嚴、厚重，心地善良，正直無私的性格，常有名士風度。**命格居旺位以上的人**，會有機謀、好競爭、善舌辯、臨事果決等特質。**命格居陷在巳、亥宮的人**，較無威嚴，但驛馬強，容易東奔西跑，浪跡天涯。

『天梁坐命』的人，是『機月同梁』格的人，做公職和薪水族為佳，多半做文職，**因此需要『陽梁昌祿』格來助陣。**有貴格的人，會平步青雲，一生順利，財官雙美。無貴格的人，也必須努力，否則易落入市井、飄泊一生。

若『天梁』居命宮，而身宮中有『太陰星』的人，為飄泊之客，一生在外奔忙，在家閒不住，也易往國外跑，離鄉很遠。

『天梁坐命』的人，有老大心態，喜歡照顧別人，有正義感，會用自己的方法來拔刀相助，其人通常是帶有霸道意味，只照顧自己認定的自己人，抱有私意。常愛管別人家之閒事，自己家中之事不愛管，會蔭他人，而無法蔭自己。**『天梁』為蔭星，**具有神蔭，故『天梁居旺』坐命的人必定有宗教信仰。

『天梁居陷』在巳、亥宮坐命的人，則不一定會有宗教信仰，因此他們能得到的蔭庇也少，而且他們不喜被人管，或被人關心，與父母、長輩、上司的關係也較差。此命的女子，桃花重，易喜歡照顧比自己年輕的男子，會嫁小男人。『天梁』亦為桃花星，因此要小心有外遇問題。

『天梁坐命』子、午宮的人，遷移宮是『太陽』，表示其人一生努力的就是工作、事業，也是在男性環境中競爭。坐命午宮的人，外界環境較辛勞、晦暗，坎坷較多。坐命子宮的人一生較順利。其財帛宮是『天機、太陰』，官祿宮是『天同』。其人易做公職或大機構上班，工作平順，有固定的財可進。**前總統李登輝先生就是『天梁化祿』坐命午宮的人。**

『天梁坐命』丑、未宮的人，遷移宮『天機陷落』，表示其人一出生環境就不好，會遇到窮困或家道中落之事，一生也運氣差。孔子就是此命格的人。其人的財帛宮是『太陰』，官祿宮是『太陽』。坐命丑宮的人，『財、官』二位是『日月居旺』，因此較富足。坐命未宮者，命局是『日月反背』格局，一生較辛苦、較窮。

『天梁坐命』巳、亥宮的人，遷移宮是『天同居廟』，是愛享福又穩定、不想變動的環境，但喜歡奔波去玩，去享福。故成就不會很高，其財帛宮是『太陽、太陰』。官祿宮是『空宮』，有『天機、巨門』相照。表示要有高知識水準的工作，就會錢財豐裕。無高知識的工作，錢財會少，也會生活較艱辛。

●**『天梁坐命』，如再有『擎羊』同宮，表示是『刑蔭』格局。其人會沒有貴人運**。也不喜長輩、父母、師長來管教。更容易讀書讀一半，而中途休學。具有高學歷較辛苦較難。其人會性格古怪、脾氣異常，有陰險狡詐的想法。為人不善，也易說謊，故意賣弄聰明，人緣不好，也易有邪淫桃花而傷害自己前程，易晚婚或不婚。

●**再有『陀羅』同宮時**，其人腦子笨、動作及思想慢，易受人挑剔嫌棄。其人的福德宮有『擎羊』，易有精神上之痛苦。會自私而頑固，也無法蔭自己和蔭他人。

●**再有『祿存』同宮時**，會性格保守、小氣、吝嗇、人緣不佳，只顧自己，少管別人會在自己的小圈圈中活動。能自給自足，也不想麻煩別人。有自己一定的財，但不會太富有。**在午宮**，有『天梁化科、祿存』同宮時，其人會很有方法的照料自己和周圍的人，但仍保守，範圍不大。**在亥宮**，有『天梁陷落帶化祿、祿存』同宮時，表示其人性格保守、內心常有包袱、煩惱，又帶有私心意圖，一會兒想照顧和幫助自己人，一會兒又怕這怕那，擔心過多，因此常一事無成。

●**再有『火星』或『鈴星』同宮時**，會性格有古怪聰明、大腦反快、思想靈活，但未必有善念，也要小心和黑道有關。貴人運也常會被刑剋掉。

●**再有『天空』或『地劫』同宮時，為『蔭空』或『劫蔭』格式**。會沒有貴人運，也易父或母早亡，兩者失其一。在學歷上也不易往上升。其人頭腦聰明清高，具有哲學性思想，有宗教信仰會入運，做教士或僧道之人，**雙星與『天梁』在巳、亥宮一起同宮時**，易為傳教士或僧道。

有『天梁化權』入命宮時，居旺位時，表示其人好掌權，有機謀，能獨攬大權管事，具有政治手腕，也能有社會地位，而主貴。但會有『太陰化忌』在財帛宮。要小心有錢財不順的危機。

『七殺』在命宮

『七殺』單星入命宮，會在子宮、午宮、寅宮、申宮、辰宮、戌宮等六個『七殺』單星坐命時，全都居廟、居旺的，沒有陷落的時候。

『七殺』入命宮，其人少年時臉色青白色，老年時會較轉為紅黃色。其人有大眼、黑眼珠特別大，長方型臉、骨骼強硬。其人好動不好靜、不喜別人管，性格倔強、不服輸、喜歡獨當一面來工作。容易不承認失敗。外表有威嚴，有權威，看起來較凶、較嚴肅。**命裡財多的『七殺坐命』者，**也會外表溫柔、內心剛強，外表看不出凶悍。此命格的人，喜好冒險，聰明有魄力，有擔當，但性格上喜怒無常，又形於色易表露出來，讓人覺得反覆無常。

『七殺坐命』的人，大多是少年坎坷，身體會有毛病，小時候不好養，容易有外傷，一生有吃苦耐勞的精神，會辛苦勞碌。其人也要看對宮及命、財、官的好壞來定吉凶。

『七殺坐命』子、午宮的人，遷移宮是『武曲、天府』，環境中多財，其人的觀念會較現實、較小氣、重視錢財。其財帛宮是『貪狼居平』，官祿宮是『破軍居旺』，表示錢財上的好運平平，必須拚命打拚、賺錢才多。

『七殺坐命』寅、申宮的人，是『七殺仰斗格』及『七殺朝斗

格』，主貴命。能奔戰殺場，為大將軍的料子。其人的遷移宮是『紫微、天府』，表示周圍環境很富裕，有一流享受。其人也會出生於較富足的家庭。其財帛宮是『貪狼居廟』、官祿宮是『破軍居廟』，表示在錢財上有一流好運，也會有『武貪格』暴發運及偏財運，其人在工作上的打拚能力也十分積極強悍，因此易有成就和收獲。

『七殺坐命』辰、戌宮的人，其遷移宮是『廉貞、天府』，表示周圍環境是小格局，稍為生活平順舒適的小康之家的環境。其財帛宮為『貪狼居旺』，官祿宮為『破軍』居得地之位，表示賺錢的好運很好，但在工作上打拚的力量卻不是那麼賣力。因此仍可過富裕生活，但不會成為大富之人。

● **『七殺坐命』，再有『擎羊』同宮時**，其人身體有病或傷殘。其人會性格陰險多慮，是刑剋極重的命格，也會刑財、刑運。其人會有古怪的想法，害人害己。『大運、流年、流月』走到，會有傷災、車禍，不善終、短壽。

●再有『陀羅』同宮時，其人較笨、較頑固，做事拖拖拉拉、不負責任，性格衝動、易上當，容易有外傷，身體會有毛病，思想扭曲，也不聽別人勸。其人會有精神上之痛苦，也會頭腦不清，進進退退，人生多起伏。

●再有『祿存』同宮時，其人會性格保守、小氣，但本命為『祿逢沖破』，仍會耗財，花錢多，守不住財。只是賺錢沒那麼多了。也會努力沒那麼賣力，有衣食就好了。

●再有『火星』或『鈴星』同宮時，會身體不佳、肺部不好，或有意外病症及傷災、車禍血光等事。其人也易與黑道、非法之事有關。

●再有『天空』或『地劫』同宮時，易頭腦空空、思想清高、不實際，理想大，而行動力不足，多說少做，好高騖遠，也容不喜歡出力打拚，喜坐享其成。因此易做不了什麼事，一事無成。

『破軍』在命宮

『破軍』單星入命宮時，會在子宮、午宮、寅宮、申宮、辰宮、戌宮等六個宮位。

『破軍』單星坐命時，在子、午宮居廟，在辰、戌宮居旺，在寅、申宮居得地剛合格之旺位。

『破軍』入命宮，其人居廟位、旺位，為五短身材、腰或肩會歪斜。易有破相。**坐命在寅、申宮的人**，會中等身材，或矮。其性格剛強，說話很衝、大膽，容易得罪別人，也會承認錯誤賠不是，讓人覺得有反覆無常。性格讓人難以捉摸。其人好勝心強、敢愛敢恨，容易受激、私心重，記恨心強，有報復心態。

『破軍坐命』的人，人生中轉變大，很多為開創格局，喜創業，做事先破後成，要辛苦付出勞力才會成功。而且是破祖離鄉，才能有好發展。

『破軍』在子、午宮入命的人，其遷移宮是『廉貞、天相』，表示其周圍環境中的人是乖巧、不算聰明，但能為其料理善後事務或為其理財之人。其財帛宮為『七殺居廟』，官祿宮為『貪狼居廟』，表示賺錢須辛苦打拚，但在工作上有好運，且有『武貪格』暴發運，因此能創造大功業與大富貴。**此命格的人，亦稱『英星入廟』格**，主官資清顯、位至三公。**前大陸主席江澤民、前立法委員陳文茜都是此命格的人。**

『破軍』在辰、戌宮入命宮的人，其遷移宮是『紫微、天相』，表示其周圍環境是中等以上較舒適的環境。環境中的人，也是較體面、能為你料理一些政治性事物或理財的人。你也較享福和愛享受物質生活。其財帛宮是『七殺居旺』，官祿宮是『貪狼居平』，表示錢財須辛苦打拚或競爭才能得到，工作的好運只有一點點。實際上你付出的勞力也並不多。

●**『破軍坐命』，再有『擎羊』同宮時，其人為『刑印』格局，**會一生受人欺負、性格懦弱、奸詐、耗財多，也易不善終。其人也會有精神上之痛苦，精神疾病、身體有病或傷，易為孤獨命，或在宗教中棲身。

●**再有『陀羅』同宮時，**其人頭腦笨，又不願承認，還會自做聰明，思想古怪和扭曲，容易受騙及人生大破一次。其人頭面有破相，身體易遭傷或開刀，也容易有精神上之痛苦和疾病。

●**再有『祿存』同宮時，為『祿逢沖破』，**仍是命中無財或財少。

在寅宮有『破軍化權、祿存』入命宮，表示會用保守又強勢的方式來打拚賺錢，性格仍小氣、吝嗇，仍會強力破耗，錢不會花在別人身上，是自己搞光的。**在子宮，有『破軍化祿、祿存』同宮時，雖有『雙祿』，也是『祿逢沖破』，命中財少**，會性格小氣保守、自私，自己沒能力，但會為找錢來花而努力，會破別人的財來成就自己的財。仍是不會居富，而是搞人的錢財來使自己有衣食而已。

在午宮或申宮，『破軍、祿存』同宮時，會『**祿逢沖破**』，會打拚力量也變保守，賺錢不多，雖節儉、小氣、耗財仍多，存不住錢，周轉過日子。

●**再有『文昌』或『文曲』同宮時**，其人都是窮命，一生不富裕，且有水厄，要小心勿近水邊，以防喪命。**此格局在申、子、辰等宮時**，會外表斯文、有文化素養、氣質高雅，有文字、藝術方面之才華，為寒儒色彩的人。**在寅、午、戌宮出現時，**為不學無術、粗俗、低賤、貧窮之人，也無法有成就。

●**再有『火星』或『鈴星』同宮時，**性格急躁衝動、脾氣壞，有怪異聰明，易有意外傷災或耗財，要小心車禍之傷災。此命格易與黑道或軍火有關。

●**再有『天空』或『地劫』同宮時，**其人思想清高，經過波折後為修道之命，其人有哲學出世思想，會看破紅塵出家、修道或做傳教士。本命為耗空、耗盡，故也不長壽。

『空宮』在命宮

『空宮坐命』的狀況有兩種，第一種是命宮真的沒有大主星（有天姚、紅鸞、天刑、天喜這些星，都不算大主星。只有前面提到的星曜

才算是大主星）或真的沒有星曜。

第二種是命宮中有『擎羊、陀羅、祿存、火星、鈴星、天空、地劫、文昌、文曲、左輔、右弼、天魁、天鉞』等的命格。

第一種『空宮坐命』的看法，就完全以對宮（遷移宮）的星曜相照回命宮來看。也就是全以遷移宮的星曜為主來替代做命宮的星曜來算命，但是這種命宮真的很空的『空宮坐命』者，會常茫然，眼眸空洞，常發呆，精神容易不集中。**例如命宮在丑宮為『空宮』，對宮（未宮）為『武曲、貪狼』**，那你就去翻看『武貪坐命』的部份，可以看到其大致的性格。但是其『財、官』二宮不同，所以再各別翻看財帛宮和官祿宮的部份來論命。

第二種命格中有『羊、陀、火、鈴』等星的人，不但要看命宮主星的特性，更是要配合看『對宮相照』的星曜特性，才能完全掌握其人真正的性格和命理格局，也才能算準命。

『祿存』單星在命宮

『祿存單星』入命宮，在命理上仍稱為『空宮坐命』。它是和『擎羊坐命』或『陀羅坐命』等命格一樣，都必須參考對宮（遷移宮）的星曜來論命，才能算得準的。

『祿存坐命』，要先看坐於何宮，對宮是何星曜，先看環境好壞，再定命格高低。

基本上，『祿存坐命』，都會有小圓臉或圓方型臉型，體型為瘦型、微高身材。倘若對宮相照的星曜是財星、福星居旺，則其人身材能豐腴。如果對宮相照的星曜為財星居平陷之位，則其人形態有孤寒之貌。性格上也會孤獨、刻薄，為窮命之守財奴性格。

『祿存坐命』者，衣食無缺。『祿存』為『小氣財神』，亦為『自有財』。其人會努力賺自己能力範圍之財祿，不喜麻煩別人或依靠別人。其人性格耿直、有機變，多學多能、性格節儉、不浪費、固執、穩重、老實，一生辛苦忙碌求財，性格保守，比較不合群，容易精神空虛。必須不停的工作、勞碌才能進財。如遇『天馬』同宮，要到遠方求財，其人因受『羊陀所夾』，和父母、兄弟家人不合，從小性格膽怯，幼年身體不佳，也易送人做養子女，和父母無緣。

● **『祿存坐命』，如有『火星、鈴星』同宮，**為『祿逢沖破』，有巧藝，但會衝動、耗財，仍不富裕。

● **如有『化忌』同宮，**不論任何『化忌』同宮，都是『祿逢沖破』，也會耗財、破耗，事情做不成。是非多而耗財。

● **如有『天空』或『地劫』同宮時，**還是『祿逢沖破』，是『祿空』或『劫祿』，也是會窮，會空，好事留不住。

舉例：連方瑪女士為『祿存坐命』寅宮，有『同梁相照』的人。

六吉星入命（文昌、文曲、左輔、右弼、天魁、天鉞）

『文昌』單星在命宮

當『文昌』單星入命宮時，要看『文昌』之旺弱，更要看對宮相照的星曜，再與本命宮之『文昌』綜合起來論斷，就能確知其人性格和命運了。

凡『文昌居旺』在巳、酉、丑、申、子、辰等宮入命宮者，會眉清目秀，多學多能，做事磊落、精明幹練、計算能力好。其人有長圓形臉型，中等身材、先瘦後胖，舉止儒雅，有器度、學識廣博、風流倜儻，氣質高雅，討人喜歡。**如果『文昌』入命，命坐申宮，而對宮相照的星曜是『天機、太陰』時，**則其人會相貌秀麗、有陰柔之氣，氣質好、精明幹練、計算能力好，活動力強，會東奔西跑工作賺錢，也喜歡談戀愛，一生快樂。唯有情緒起起伏伏、不好侍候。

凡『文昌居陷』在寅、午、戌宮入命者，其人較粗俗，會矮小、瘦弱，長相不好看，腦子笨，不精明，計算能力不佳，做事也不能幹。學歷和學識都差，文化水準低。其人穿著打扮和外形較粗陋，言行粗獷，也易不受人尊敬。同時其人也會較命窮，不會理財，生活素質也不高。

舉例：飛碟電台董事長趙少康先生是『文昌坐命』申宮的人，對宮是『同梁』。

『文曲』單星在命宮

當『文曲單星』入命時，首先要看『文曲』的旺弱，再兼看對宮相照的星曜再一起綜合起論斷命格。

當『文曲居旺』在巳、酉、丑、申、子、辰、卯、未等宮居旺入命宮時，其人有圓長形臉型、長相可愛，臉上易有痣，中等或略矮身材，略帶孤僻，口才好、伶牙俐齒、善辯，有藝術方面之才華。其人聰明、能幹、思想敏銳，是精打細算型的人，為『桃花格局』的人，也會為桃花來破財。**章孝嚴先生是『文曲坐命』酉宮，對宮是『機巨相照』的人。**

當『文曲居陷』在寅、午、戌宮入命宮時，其人會口才不好、較靜，也會才華少、孤僻、桃花少、人緣不佳、耗財多，不聽敏，人生難有成就。

『文昌、文曲』同宮在命宮

命宮在丑宮或未宮有『文昌、文曲』並坐入命的人，在丑宮，『文昌、文曲』皆居廟位。**在未宮，**會『文昌居平、文曲居旺』。這兩種命格的人，在丑宮的人會特別漂亮、氣質好。而在未宮，長相較普通，氣質也普通。『**昌曲』同在命宮，為特殊的『桃花格局』，**其人會桃花多，男命風流才子。女命為偏房細姨命，或同居命，易靠人生活，或享齊人之福，人生會沒成就。

『昌曲坐命』，對宮為『武貪』或和『武貪』同宮時，其人會頭腦不清、政事顛倒、糊塗行事。

對宮有『紫破』時，或和『紫破』同宮時，為窮命，又好高級物質享受的人，一生會辛苦而得不到，也易靠人吃飯，自已沒有打拚能力，不想打拚。

對宮有『太陽、太陰』，或和『日月』同宮時，其人性情起伏，好談戀愛，也易有邪淫桃花、風流多情，易同居，或做小，靠人吃飯、沒有成就。

『左輔』單星在命宮

『左輔』單星入命宮的人，圓長形臉型、中高身材、略瘦。其人性格風流、敦厚慷慨，有文武之材，聰明、機靈、有謀略、耿直、度量大，穩重、隨和、人緣好。易有雙妻，會有感情困擾，容易同時出現兩個以上的情人。其人幼年由別人帶大，與父母緣薄。某些人也易為小姨所生。或為奶媽、祖母帶大。

『左輔』單星入命宮，要加看其對宮星曜一起論斷才會準確。**例如王永慶先生和李遠哲先生皆是『左輔坐命』酉宮，對宮為『機巨相照』的人。**

『左輔坐命』者，有合作精神，和平輩關係好，亦為平輩貴人，因此能得到平輩的助力。

『左輔』在酉宮坐命，有『機巨相照』，表示其人具有合作精神，會在一些聰明智慧及高知識、高科技的環境方面得到助力。也會在不斷的求新求變中得到助力。更會在是非和機巧、變通中得到助力。

『右弼』單星在命宮

『右弼單星』入命宮的人，有小圓長型臉、中矮身材，較瘦，臉上有痣或斑痕。性格是表面隨和，但會對自己人好，會專制霸道，內心剛強，忠厚，好濟施。其人很熱心，有同情心，講義氣，很重感情，但初戀會不成功，而懷念對方。此命格的人也人緣好、桃花重，會有感情波折和婚姻問題。也易同時愛上兩個情人。其人會有野心，喜歡照顧自己人和管人。但大部份仍是保守心態、小心謹慎，做事認真的。

此命格之女子，是膽小、害羞、喜幻想、愛佈置家庭，有孩子氣、略帶自私、霸道的脾氣，會體貼老公，能守住自己家庭的人，但對外人或不認同的人，便六親不認，死活不管了。**前影星胡茵夢小姐是『右弼坐命』申宮，對宮有『機陰相照』的人。**

『左輔、右弼』同宮在命宮

命宮在丑宮或未宮，有『左輔、右弼』同入命宮的人，稱為『左右坐命』的人。此命格為『桃花格局』，其人會溫和、懦弱、沒有個

性。但也要看對宮相照的星曜來論斷。

『左輔、右弼』同坐命宮，對宮有『武貪相照』的人，表示其人性格溫和中有強硬剛直，但桃花強。環境中有財、有好運，環境富足，但其人會受桃花之累，愛情色之享受，不一定能掌握環境中的富貴。反而很可能依靠人生活，覺得快樂就好了。打拚力量不強，命格中有太多貴人人來幫忙，反而會成為依賴他人生活的人。

『左輔、右弼』坐命，對宮有『紫破相照』的人，表示其人環境中是表面高貴、富裕，其實是複雜、不正派或表裡不一的。其人容易表面上好似溫和，又有個性，但會為第三者，或做小，或人同居，有不正常之男女關係。

『左輔、右弼』坐命，對宮有『日月相照』的人，其人會情緒多變，不穩定，戀愛多，也失戀多，會做小，與人同居，或做第三者，也會依賴人生活。

『天魁』在命宮

『天魁』入命宮，其人會口快心直，表面有威嚴，但喜歡管閒事，有時也會逃避，其人分析力強，也會為人設想周到，說話會有份量。

『天魁坐命』的人，圓臉、地閣小，身材較矮瘦、人緣好、清高，不喜惹痲煩。做事必親自去做，較勞碌。

舉例：副總統吳敦義先生即為『天魁坐命』，有『武貪相照』的人。

『天鉞』在命宮

『天鉞』入命宮，其人桃花重、長相美麗可愛，愛打扮，會撒嬌，男命會有女性化傾向。其人愛表現，喜出風頭，性格溫和、善良、富有同情心，喜歡暗中幫助別人，較不會拒絕別人。但也不喜歡惹麻煩。此命女子，氣質高雅、美麗，人見人愛，喜談戀愛，容易受感動而被追到，**如果命宮還有『紅鸞』同宮時，**為糊塗桃花，會戀愛隨便劈腿、自找麻煩。

六煞星入命宮

『擎羊』單星在命宮

『擎羊』單星入命宮，要先看旺弱，再看其對宮相照的星曜來論斷命格。**『擎羊』在子、午、卯、酉等宮為居陷，在辰、戌、丑、未宮**

為居廟。『擎羊』為刑剋之星，入命宮時，有羊字臉、中等身材，有破相或傷殘之貌，也會有眇目、痲臉等狀況。其人性格剛暴而孤單，易奸滑不仁，多是非。為人霸道，有理說不清，很固執、很尖銳，容易衝動、愛計較。做事速度快又乾脆，尤其對感情不喜拖拖拉拉。特別敏感又細心，看起來會敢愛敢恨，但又會由愛生恨，容易感情用事而記恨在心。表面上又是恩怨分明的人。

『擎羊』入命，居廟時，剛強的性格表現無疑，殺氣重，做事不後悔，死不悔改。**居陷時，**其人會懦弱，肯吃虧、道歉承認錯。

『擎羊坐命』午宮，對宮有居廟旺的『同陰相照』，此為『馬頭帶箭』格，可威鎮邊疆，為大將軍命格。**前法務部長城仲模先生就是此命格的人。(無煞不能身有權，但也要環境好才行)**

其他的『擎羊坐命』者，幾乎都是『刑財』、『刑運』的格局，『刑財』色彩太強，而傷及自身。其人會身體不好，有傷殘現象，眼睛有病，或肝腎機能不佳，也會有心臟病等，或傷災、血光、車禍，易不善終。

●**有『擎羊、火星、天空』在未宮入命，對宮有『武貪相照』的人，**雖勞碌一生，多做多敗，宜有宗教信仰。其人頭腦空空，耗財的速度快，刑剋財的速度是火速成空。而且頭腦不清，還特別喜歡做事業，最後會讓身邊的人都虧空至窮了。拖累一大票人才罷手。

『陀羅』單星在命宮

『陀羅單星』入命宮，要先看『陀羅旺弱』，再看對宮相照的星曜一起來論斷。**『陀羅』在辰、戌、丑、未宮居廟，在寅、申、巳、亥等**

宮為居陷。『陀羅』入命宮，為圓方型臉，面頰較寬。**居廟時**，體型胖壯、較粗。**居陷時矮瘦**，其人易破相，或身上、或唇齒有傷。其人幼年多災、有意外扭傷或骨骼摔傷，會有長期之精神折磨。

『陀羅』入命，要離開出生地，背井離鄉發展較好，其人一生波折大，奔波勞苦，心情心境不清靜。其人常覺得是別人不瞭解他，會暗中進行一些事，是自以為是，又固執，笨又不太肯學習的人。而且還會記恨心強，做事拖拖拉拉，會推諉、不負責任，一生多是非，還不服輸，容易犯小人。自己本身就是小人。也容易相信剛認識的人，而不相信自己家人。

『陀羅』**入命，對宮有『廉貪相照』，或有『廉貪』同宮時，稱為『風流彩杖』格**，為好色，有色情糾紛的格局。女子有此格局時，易受強暴。

『陀羅坐命』，對宮有『武貪相照』時，其人會外表粗壯，適合做軍警業，未來會有暴發運，也能成就事業，其人性格上仍強悍、頑固、心情悶、話少，做事愛拖拖拉拉。運好時會順利一點。

『火星』或『鈴星』單星在命宮

『火星』或『鈴星』單星入命宮時，要看其旺弱，也要看對宮相照的星曜來論斷。**『火星』或『鈴星』在寅、午、戌宮居廟，在申、子、辰宮居陷。**

『火星』入命宮，居旺時，為長圓臉，中等身材、略壯。**『火星』居陷時**，為矮瘦，有痲面或有傷殘現象，其人毛髮自然色會偏紅或偏黃，有異相。生性狠毒、又剛強，喜歡爭強鬥狠，急躁而不安定，較外向，不喜束縛，凡事要求快、做事草率，有頭無尾，一生較奔波，也喜歡和人辯論。其人記憶力好，愛聽音樂，易有意外之災，易有火災、燙傷。會有偏財運，一生變化大。

『鈴星』入命宮，面色為青黃色、面型古怪。**居陷時**易有麻面或傷剋。其人性急躁、孤僻、大膽、有急智、伶俐。一般他會性烈，較內向，脾氣慢發，會記怨報復。其人做了事常後悔、情緒化變化很快。容易愛表現、反應快、果斷。一生也會奔波不停。

命格為『火星』或『鈴星』坐命的人，都是愛時髦、愛搞怪的人，因性格衝動、脾氣火爆，無法靜下來，容易起禍端，有意外之災、車禍、血光等，也容易有躁鬱症等精神疾病。

『天空』或『地劫』單星在命宮

『天空單星』入命宮，其人會性格孤僻，做事虛空不實，心性不穩．好幻想、多變動，又喜標新立異。多成敗，不聚財，容易飄泊勞碌。為『命裡逢空』格，要小心萬事成空。

『天空』入命宮，要看其對宮的星曜為何，及旺度如何來論斷。

『天空坐命』，有特性是：逢吉不吉，逢凶不凶。其面貌為『申』字臉，有天庭不滿、地閣不豐之臉型，容易枯瘦。

『天空坐命』酉宮，對宮有『陽梁相照』的命格，為『萬里無雲』格。會一生清高自持，有偉大的事業成就。**國父孫中山先生就是此命格的人，能推翻封建帝制，建立民主國家。**

『地劫單星』入命宮，也是申字臉型，天庭不滿，地閣不足，會矮胖或瘦小。其人性格固執、頑劣、喜怒無常、不合群，孤僻、容易多是非，性格不穩定，為人吝嗇，但又開銷大，耗財多，常入不敷出。其人常會因外來的影響而耗財或破敗，**為『命裡逢劫』格。**其人適合做數學家、科學家、詩人。

例如：

有『地劫坐命』酉宮，對宮有『紫貪相照』的命格，其人會桃花少、較正派，行為習正了，為人保守，也規矩做事。因環境是個看起來不錯的中等的環境，好運也不多，因此反而能規規矩矩工作及過日子了。**其人的財帛宮為『天相』，官祿宮為『天府居廟』，**其人反而想的不多了，而過平順生活了。

算命速學・師級講義

『天空、地劫』同宮在命宮

當命宮中有『天空、地劫』一同坐命時，為『劫空坐命』的人，只會在巳、亥宮出現。在巳宮是午時出生的人。在亥宮是子時出生的人。對宮相照的一定是『廉貞、貪狼』。此命格的人性格頑劣、做事疏狂、喜行邪僻，不行正道，好投機取巧，一生多飄泊勞碌，只能為僧道之人。

此命格若再逢『化忌』或『羊、陀』相夾同宮，**為『半空折翅』格**，會遇災而亡，不善終。

2. 兄弟宮的內容訣竅觀看法

『兄弟宮』可觀看兄弟姐妹的多寡和彼此之間關係的親疏，以及你和平輩之間的相處是否和諧的狀況。合夥或結拜金蘭時也要參考此宮位。

『紫微』入兄弟宮

『紫微』單星入兄弟宮獨坐時，主兄弟三人，兄弟為長相氣派、地位高、自尊心強的人，兄弟的成就比你好，也會幫助你。**有『擎羊、火、鈴、劫、空』同宮時，**兄弟姐妹數量減少，且不和，兄弟姐妹是高高在上，對你嚴刻的人。

『紫府』同宮時，主兄弟三人，兄弟較富足有錢，你能得到兄弟的物質幫助，有『陀羅、火、鈴、劫、空』同宮時，兄弟感情普通，相互幫忙少一些。

『紫相』同宮時，主兄弟三、四人，能有兄弟姐妹幫助。兄弟手足是富足又能幫忙料理事物的人。有『羊、陀、火、鈴』同宮時，兄弟姐妹表面還好，但會是懦弱或愚笨，或脾氣壞的人。

『紫殺』同宮時，表示兄弟二人，不和，兄弟對你較高傲、冷淡緊張，再有『陀羅、火、鈴』同宮時，不和睦、有紛爭。

『紫貪』同宮時，兄弟有三人，有晚婚或不婚之兄弟姐妹。表面上彼此相處還可以，但不太溝通瞭解。有『擎羊、火、鈴、劫、空、化忌』同宮時，關係不佳，有剋害。

『紫破』同宮時，主兄弟有三人，或為異母所生，會相互剋害、不和。有『羊、陀、火、鈴、劫、空』同宮時更不和，無幫助。與『昌、曲』同宮時，兄弟窮，且與桃花有關。

『天機』入兄弟宮

『天機』單星入兄弟宮，主兄弟二人，居廟、居旺時，兄弟聰明，兄弟關係時好時壞，但能和平相處，也能稍有幫助。居陷時，兄弟有小聰明，相處不佳，似有若無。有『羊、陀、火、鈴、劫、空、化忌』同宮時，關係不佳，無助益。

『機陰同宮』時，有兄弟二、三人，兄弟聰明、伶俐，能在精神上鼓勵。兄弟是薪水族的人，富裕有限。有『陀羅、火、鈴、劫、空、化忌』同宮時，不和、有是非、相互拖累。

『機巨同宮』時，有兄弟二人，兄弟可具有高學歷或高知識水準，很聰明、善辯，兄弟彼此間口舌是非多。有『擎羊、火、鈴、劫、空、化忌』同宮時，兄弟爭鬥較凶。

『機梁同宮』時，主有兄弟二人，能得到兄弟在精神上之鼓勵。有『羊、陀、火、鈴、劫、空、化忌』同宮時，不和、相互有爭鬥，或是非。

『太陽』入兄弟宮

『太陽』單星入兄弟宮，居廟時有三人，感情和睦、相互有幫助，兄弟是性情爽朗、事業好的人。居陷時，兄弟欠和，兄弟是性格悶、不講話、事業不佳的人。**有『羊、陀、火、鈴、化忌、劫、空』同宮時**，彼有剋害，有是非爭鬥不和，兄弟的事業也不佳。

『太陽、太陰』同宮時，有兄弟三至五人，在丑宮，與姐妹感情好。在未宮與兄弟較相合。但兄弟姐妹皆是情緒起伏的人，感情時好時壞，有時有幫助，有時沒幫助。**有『羊、陀、火、鈴、化忌、劫、空』同宮時**，相互有剋害，無助益。

『陽巨同宮』時，有兄弟二、三人，彼此間吵吵鬧鬧，十分熱鬧。**有『陀羅、火、鈴、化忌、劫、空』同宮時**，是非爭鬥凶，相互無助益。

『陽梁同宮』時，有兄弟二人，家有長兄長姐照顧、感情深厚。**有『羊、陀、火、鈴、化忌、劫、空』同宮時**，彼此有是非不和。

『武曲』入兄弟宮

『武曲』單星入兄弟宮，有兄弟二人，兄弟財多，但性格剛直、強硬，與你不和，但有時會有金錢資助你。有『羊、陀、火、鈴、化忌、劫、空』同宮時，兄弟相爭鬥、不和，或彼此有金錢是非。

有時也是你資助兄弟。**『武府同宮』時**，兄弟三人，兄弟較富裕，能在物質上相資助，兄弟是性格小氣、重視錢財之人。有『擎羊、火、鈴、化忌、劫、空』同宮時，兄弟不和，無助益，或與兄弟有金錢是非、困擾。

『武相同宮』時，兄弟二人，兄弟會理財，相互能幫助。有陀羅、火、鈴、化忌、劫空同宮時，無助益，不和，或兄弟有金錢糾紛。

『武殺同宮』時，兄弟二人，常有爭執、不和。兄弟較窮、又凶悍。有擎羊同宮，兄弟會因錢財相互砍殺。有火、鈴、化忌、劫空同宮時，亦不和，會有金錢糾紛。

『武破同宮』時，兄弟一、二人，不和，兄弟較窮，或與你不對盤。

『武貪同宮』時，兄弟二人，相互不和，有爭執。兄弟是在金錢方面強悍、小氣的人，你們相互不瞭解。

『天同』入兄弟宮

『天同』單星入兄弟宮，居廟，兄弟三至五人。居平，二人。兄弟為溫和、好相處之人。**有『羊、陀、火、鈴、化忌、劫、空』同宮時，**兄弟有傷殘現象，或和你不和、冷落。

『同陰同宮』時，兄弟三至五人，在子宮，感情深厚相互有幫助，兄弟是溫和多財的人。在午宮，無助益，兄弟較窮，情份也不深。**有『羊、陀、火、鈴、化忌、劫、空』同宮時，**不和、有剋害。

『同巨同宮』時，兄弟一至三人，有同父異母之兄弟姐妹，不和或不見面。**有『羊、陀、火、鈴、化忌、劫、空』同宮時，**感情薄弱，或未曾相識。

『同梁同宮』時，兄弟二、三人，感情深厚，有助益。**有『陀羅、火、鈴、化忌、劫、空』同宮時，**相處冷淡、無助益。

『廉貞』入兄弟宮

『廉貞』單星入兄弟宮，有兄弟二人，不和，兄弟為固執、強悍、性格悶、內斂、陰沈之人。有陀羅、火、鈴、化忌、劫空同宮時，不和，會有衝突，兄弟脾氣古怪。

『廉府同宮』時，有兄弟三人，尚和睦，但不得力。兄弟為喜歡交際應酬之人，有煞星同宮，不和、相互有金錢方面之剋害。

『廉相同宮』時，有兄弟二人，尚和睦，但助力不大。兄弟是老實，會為你做些雜事的人，大事無法幫。有『擎羊』同宮，兄弟懦弱無用，有『火、鈴、化忌、劫、空』同宮時，兄弟無用，有剋害，也不和。

『廉殺同宮』時，兄弟一人，兄弟間常發生爭執不和，有『羊、陀』同宮，兄弟間衝突多，易相互砍殺，或兄弟會早亡，不相往來為佳。有『火、鈴、化忌、劫、空』，皆多是非、有衝突。

『廉破同宮』時，兄弟一人，感情不和，兄弟窮而低俗，易不來往。有擎羊同宮，相互剋害，或不見面。有『劫、空、火、鈴、化忌』同宮時，相互剋害或不來往。

『廉貪同宮』時，兄弟二、三人，感情差，不和睦。兄弟相互拖累招災。**有『陀羅』同宮時，**兄弟會因桃花情色問題，使你丟臉，受拖累。**有『劫、空』同宮，**無兄弟。**有『火、鈴、化忌、劫、空』同宮時，**兄弟少，或無兄弟，不和、有災。

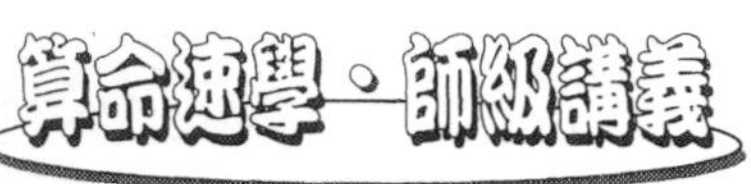

『天府』入兄弟宮

『天府』單星入兄弟宮，有兄弟三至五人。感情深厚，相處融洽。兄弟的財祿好，有積蓄。有『羊、陀、火、鈴、化忌、劫、空』同宮時，兄弟不富裕，和你感情也不佳，會陰險、不和。

『太陰』入兄弟宮

『太陰單星』入兄弟宮，居廟、居旺時，有兄弟三至五人。和睦、相互有幫助。和姐妹較親密，姐妹多。兄弟姐妹是美麗、溫柔、體貼、財多的人。**居陷時**，有三人，欠和。兄弟姐妹且是冷淡、財少的人。有『羊、陀、火、鈴、化忌、劫、空』同宮時，不和，相互有剋害。

『貪狼』入兄弟宮

『貪狼』單星入兄弟宮，有兄弟二人，彼此少溝通、不瞭解，且有晚婚之兄弟姐妹、不和。有『羊、陀、火、鈴、化忌、劫、空』同宮時，更緣淺不和，有剋害。

『巨門』入兄弟宮

『巨門』單星入兄弟宮，有二人，不和、多是非。居陷時，有同父異母之兄弟姐妹。兄弟是愛爭吵、口才好、好競爭之人。

『天相』入兄弟宮

『天相』單星入兄弟宮，有兄弟三至四人，兄弟性格溫和，能為你做事賣命、值得信賴，彼此和睦、感情好。**有擎羊同宮**，兄弟是懦弱無用之人，不和。有『陀羅、劫、空、火、鈴』同宮，兄弟較笨或有古怪聰明，不和睦。

『天梁』入兄弟宮

『天梁』單星入兄弟宮，家有長兄、長姐會照顧你，和你感情好，兄弟就是你的貴人。有『羊、陀、火、鈴、劫、空』同宮時，不和睦，相互無助益。

『七殺』入兄弟宮

『七殺』單星入兄弟宮，在子、午、寅、申等宮有三人，不和，相互剋害。兄弟為脾氣壞、性孤僻、體弱之人。**在辰、戌宮**，孤剋、無兄弟。有『羊、陀、火、鈴、化忌、劫、空』同宮時，無兄弟。

『破軍』入兄弟宮

『破軍單星』入兄弟宮，兄弟二、三人，彼此不和。兄弟為大膽、豪爽、剛強之人，和你不同調，無法相處。**有『羊、陀、火、鈴、化忌、劫、空』同宮時，**主孤單、不來往，或使你遭災。**有『文昌、文曲』同宮時，**兄弟窮，會拖累你。

『文昌』、『文曲』入兄弟宮

『文昌』、『文曲』單星入兄弟宮，有兄弟二至三人。居旺時，兄弟感情好，有教養、文化素質高，相互有幫助。居陷時，不和、教養差、文化素養差，無助益。與煞星同宮，不和睦。

『昌、曲』並坐兄弟宮，有兄弟二、三人。**在丑宮，**兄弟俊俏美麗。**在未宮**，長相平凡。兄弟間會有與桃花事件相關之人。相處尚和睦。有煞星同宮，不和，且因兄弟之桃花，傷害兄弟之情。

『左輔』、『右弼』入兄弟宮

『左輔』、『右弼』單星入兄弟宮，有兄弟三人，兄弟相處和睦。與吉星同宮，兄弟數會增加，相互有助益。**有『羊、陀、火、鈴』或『煞星』（七殺、破軍、貪狼）同宮**，兄弟二人，彼此不和，感情更差，或有衝突。

『祿存』入兄弟宮

『祿存』單星入兄弟宮，有兄弟一人，兄弟是保守、孤單、小氣、吝嗇節儉之人。和你不太來往。

『擎羊』、『陀羅』入兄弟宮

『擎羊』、『陀羅』單星入兄弟宮，兄弟相互有剋害，兄弟一人或無，**有『擎羊』居廟時**，兄弟強悍、好爭鬥。**居陷時**，兄弟無或陰險、懦弱，會暗害你。**有『陀羅』同宮**，兄弟笨而剋害你。

『火星』、『鈴星』入兄弟宮

『火星』、『鈴星』單星入兄弟宮，居旺時，有兄弟一人。**居陷時**，全無，主孤單。兄弟為性格怪異，脾氣壞、暴躁之人，和你不和，易爭鬥、相互傷害。

3. 夫妻宮的內容訣竅觀看法

『夫妻宮』為表示配偶之長相、工作、和你相處關係之好壞，以及你自己內心的感情，和內心深層想法、價值觀，及應對事務之方式的宮位。

『紫微』入夫妻宮

『紫微單星』入夫妻宮獨坐時，夫妻相處大致和諧。不過配偶有統治慾，個性剛強，希望對方對自己唯命是從，能相互尊重，婚姻會幸福。你是處處喜歡高級、精緻，要求理想很高的人，自然選配偶也要美麗、地位高才行。有『羊、陀、火、鈴、化忌、劫、空』同宮，感情會不順，晚婚或不婚。

『紫府同宮』時，配偶家世好、有錢，夫妻感情好。有『左輔、右弼』，小心會離婚。有『天空、地劫』會晚婚、不婚，或生離死別，配偶對你無幫助。有『陀羅』，配偶條件普通。

『紫相同宮』時，配偶美麗，能互相幫助，感情和諧親密。有『擎羊』，配偶懦弱、不和。有『陀羅』，感情普通。有『火、鈴、劫、空』，相助不多。

『紫貪同宮』時，夫妻性情相投，婚姻美滿，配偶多才多藝。有『羊、陀、火、鈴、左、右』同宮時，會因淫蕩之事傷及配偶。配偶亦會劈腿。

『紫殺同宮』時，配偶忙碌，相聚日少。你本身亦愛忙碌賺錢，感情冷淡。有『陀羅、火、鈴』，會晚婚。有『地劫、天空』同宮，會不婚。

『紫破同宮』時，夫妻間不和睦，配偶是剛強、思想和你不一樣，又耗財多的人。易離婚或婚姻不美。有『昌、曲』同宮時，配偶貌美，但窮，桃花重，好淫。有『左輔、右弼』同宮時，易有多次婚姻，你的感情會一段一段的，沒名份。有『羊、陀、火、鈴、劫、空』同宮時，感情有創傷，或桃花少。

『天機』入夫妻宮

『天機』單星入夫妻宮，在子、午宮，配偶聰明、機智、靈巧，是上班族。男子娶年少之妻，女子嫁年長之夫，尚和諧。有『擎羊、火、鈴、化忌、劫、空』同宮時，不和、冷淡。**在巳、亥宮，**配偶有小聰明，能力不強，為上班族，體瘦、事業有起伏、夫妻感情有變化，時好時壞，也易離婚。你本身也易是投機取巧、善變、多是非之人。有『陀羅、火、鈴、化忌、劫、空』同宮時，會不婚。**在丑、未宮**，配偶有小聰明，能力差，和你感情不佳，易分離，或離婚。你本身也是個內心投機取巧、偷機不著蝕把米的人。有『羊、陀、火、鈴、化忌、劫、空』同宮時，不婚或離婚，感情空洞。

『機陰同宮』時，配偶貌美、聰明，為薪水族。**在寅宮**，配偶薪水多，生活較舒適富裕，夫妻感情深厚。**在申宮**，配偶較窮、財不多，能力也較差。夫妻感情普通。有『陀羅、火、鈴、化忌、劫、空』同宮時，配偶較笨，或不實際，易有錢財上困擾，工作不長久，也易夫妻感情生變、離婚。

『機巨同宮』時，主配偶聰明，婚前感情多波折、是非多，婚後也是非不斷、口舌爭執多。配偶是挑剔、愛唸、自以為學識淵博者。**有**

『擎羊』同宮時，易不婚、晚婚、離婚。婚姻不順遂、爭鬥多。**有『祿存』同宮時**，配偶保守、小氣、吝嗇，會因金錢價值觀和你爭執。**有『火星、鈴星』同宮**，夫妻爭吵多、脾氣壞。**有『地劫、天空』同宮時**，反而爭吵會少，但感情淡薄。**有『化忌』同宮**，你會敏感性不佳、感覺能力差，也桃花少，不易結婚。

『機梁同宮』時，主配偶慈祥，婚姻美滿，配偶會年長很多。男子會娶長妻，某些女子會嫁年紀比自己小的男人。以配偶比自己年長為佳。配偶是薪水族的人，很會照顧你，但會有些嘮叨的人，並不特別聰明，但會為你做軍師，討論生活細節的人。

有『羊、陀』同宮，婚姻不美，會晚婚或離婚，配偶奸詐，或太笨，和你不和睦。**有『火、鈴』同宮**，配偶脾氣急躁、脾氣很壞，常有突發衝突。**有『劫、空』同宮**，配偶腦子有古怪聰明，易接近宗教，夫妻感情會淡，你也愛信宗教。**有『化忌』同宮時**，易不婚，或與配偶不和、是非多，易離婚。你是性格悶、不開朗、頭腦不清、價值觀混亂的人。**有『天機化祿、天梁化權』同宮時**，配偶強力要照顧你、管你，夫妻常鬥嘴，同時你也是一個愛管別人的人。**有『天機化權、天梁』入夫妻宮時**，配偶強勢愛管你或表現聰明。夫妻易有衝突。同時你也是個愛表現、愛掌權之人。

『太陽』入夫妻宮

『太陽』單星入夫妻宮，在辰、巳、午宮居旺時，表示能因配偶而提高身份。配偶的事業好、配偶賢明、性格開朗、大而化之，不計較、好相處。同時你也是個內心開朗，對人熱情的人。夫妻能白頭偕老。

有『羊、陀、火、鈴、化忌、劫、空』同宮時，會感情不順，晚婚、不婚，或配偶事業多磨難。

在戌、亥、子宮居陷時，表示配偶性格悶、內斂或憂鬱，事業也不順，易生活不平順、多起伏。同時你也是個性格沈悶、不開朗的人。有『羊、陀、火、鈴』同宮時，易離婚或不婚。**在巳、亥宮有『天空、地劫』同宮時，易不婚。**

『日月同宮』時，在丑宮，配偶事業普通，但有財力。在未宮，配偶事業蒸蒸日上，但賺錢不多。配偶和你都是心情易起伏，事業上也不穩定的人。但尚能相處。**有『擎羊、陀羅、火、鈴、化忌』同宮時，**感情不順，易不婚、離婚，或不想結婚。

『陽梁同宮』時，會配偶賢明，配偶會年紀比你大，他是名聲響亮、地位高、性格開朗，又會照顧你的人。你會因結婚而富貴，夫妻相互寵愛。**有『擎羊、火、鈴』同宮時，**配偶年紀比你小或同年，名聲地位都差，也可能工作不長久，或賦閒、失業，也不太會照顧你。夫妻關係不佳，有衝突。

『陽巨同宮』時，你和配偶是對平凡夫妻，常鬥嘴，是非口舌多、吵吵鬧鬧、很熱鬧。不一定會分手。**有『陀羅、火、鈴』同宮，**易分手。**有『天空、地劫』同宮時，**內心多是非，也易結不成婚，或感情不順。

『武曲』入夫妻宮

『武曲』單星入夫妻宮，配偶較富有，配偶是性格剛強，對錢財重視，較現實的人。同時也表示你是注重現實，內心有市儈想法的人。夫妻價值觀相同則尚和睦。價值觀不同，則爭執多、容易孤獨。**有**

『羊、陀、化忌』同宮時，配偶是財窮、守財奴之人。十分小氣、古怪，會有金錢困擾。夫妻不和，常因錢財爭吵。**有『天空、地劫』同宮時，**價值觀另類，也會夫妻感情淡、不和。**有『火、鈴』同宮，**配偶脾氣壞、又古怪、又刑財，夫妻衝突多。

『武府同宮』時，配偶較富裕，會因結婚得大財富。你會尋找有錢人結婚。但配偶會吝嗇小氣。你能花一些、花不多。**有『擎羊、火、鈴、化忌』同宮時，**配偶財不多，亦可能有債務問題，夫妻不和，婚姻不美，會離婚。**有『天空』或『地劫』時，**配偶的財富似有若無，同時你並不一定對財富的定義瞭解，你會不實際，也不一定能得到財多的配偶。

『武相同宮』時，配偶是理財、賺錢高手，夫妻感情不錯。同時你也是個內心平和、講理、圓融的人，對錢財的觀念正確。**有『陀羅、**

火、鈴、化忌』同宮時，表示配偶理財能力不佳，會有財務問題，夫妻感情有磨擦。

『武殺同宮』時，主配偶會生離死別。配偶是較窮、做勞力工作的人。也可能會是軍警業者。**有『武殺、擎羊』同宮時，**夫妻相互剋害，也會因錢財相互砍殺而喪命，或配偶因意外、車禍而亡。

『武破同宮』時，配偶窮、孤寒。同時你的內心也是孤寒、吝嗇之人。配偶易是軍警界的人。**有『武曲化權、破軍』同宮時，**配偶仍不富裕，只是愛管錢、掌權。**有『武曲化祿、破軍』同宮時，**配偶稍圓滑，但仍不富裕。**有『陀羅同宮』時，**破財更凶、較笨。**有『火星、鈴星』同宮時，**會與黑道有關。**有『天空、地劫』同宮時，**你內心窮，會不婚。**有『武曲化忌、破軍』同宮時，**配偶有錢財是非、債務不清，夫妻感情惡劣。同時你也是個頭腦不清，只會把自己搞窮的人。

『武貪同宮』時，配偶較強勢，喜歡掌權做主。配偶也賺錢多，配偶做軍警業亦佳，配偶有暴發運，會多得錢財。但夫妻間並不真的相互瞭解，缺乏溝通。**有『羊、陀』同宮時，**配偶有專業能力養家活口，但夫妻不和。**有『火、鈴』同宮，**配偶脾氣古怪，但要注意『雙暴發運』能得大財富。**有『化忌』同宮時，**配偶賺錢少，有金錢或人緣上的是非、不合，易離婚。

『天同』入夫妻宮

『天同』單星入夫妻宮，配偶性溫和，沒脾氣，男子會娶年輕女子，女子會嫁相配之夫婿，配偶聰明俊秀，但愛享福，對事業無衝勁。有擎羊同宮時，配偶有傷殘現象，不和。**有『陀羅』同宮時，**配偶笨、頑固，尚能相處。**有『火、鈴、劫、空』同宮時，**配偶脾氣急躁、古怪，不一定會離婚。**如『天空、地劫』在巳、亥宮一起同宮時，**會不婚或離婚不再婚。

『同陰同宮』時，配偶性溫和、外貌姣美。在子宮，男命主妻子善理財或有妻財，治家有方，婚姻幸福。在午宮，配偶財窮、較瘦，感情世界不順。**有『擎羊』同宮，**易晚婚或不婚，**有『火、鈴、劫、空』同宮時，**婚姻有磨擦瑕疵。你的感情也多急躁、火爆或空洞，而婚姻關係不佳。**有『化忌』同宮時，**會因感情問題，錢財問題、工作問題而婚姻不美。

『同巨同宮』時，配偶是外表溫和但嚕嗦、挑剔別人，婚後多招是非口舌，時有爭執。配偶也常是工作能力不好的人，但不一定會離婚。**有『擎羊、火、鈴、化忌、劫、空』同宮時，**會離婚，或配偶傷殘，有生離死別之象。

『同梁同宮』時，配偶溫和、貌美，感情親密，能建立幸福家庭。在寅宮，女子配長夫，男子配長妻。在申宮，女子配少夫，男子配少妻。**有『陀羅』同宮，**配偶較笨、較悶、話不多。夫妻間不算親密，**有『天空、地劫』同宮時，**官祿宮會有另一顆『地劫』或『天空星』獨坐，故無婚姻也無事業，會工作不長久。**有『火、鈴』同宮時，**配偶脾氣急躁，工作也多起伏。

『廉貞』入夫妻宮

『廉貞』單星入夫妻宮，婚姻不美，主男剋三妻，女嫁三夫。配偶是性剛、沈穩、內斂、多謀、好爭鬥之人。有事不明講，會放在心中，會暗算別人。同時你也是個內心多計謀，對感情拿得起，放得下，愛自己較多，也對桃花色情特感興趣的人，因此你和配偶皆易劈腿。**有**

『陀羅』同宮時，能形成『風流彩杖』格，會因色情事件而遭災。**有『火、鈴』同宮時，**配偶是狼心狗肺的人，同時你的情感也很怪異，婚姻不長久，也會突然結婚、離婚。**有『天空、地劫』同宮時，**桃花少，可習正，易晚婚或不想結婚，但事業也沒著落。**有『化忌』同宮時，**你會頭腦不清，易找到有官非在身的人做配偶，配偶也易入獄或做非法之事。夫妻不和，會離婚。

『廉府同宮』時，主夫妻有相同嗜好，交際應酬多，能和睦相處。配偶是有小康財富的人，也會理財存錢。夫妻感情好。**有『擎羊』同宮時，**配偶財少、又刑財，你的婚姻不美，可能有離婚現象，亦可能生離死別。**有『陀羅』同宮時，**配偶笨、不富裕，也要小心生離死別。**有『火、鈴、劫、空』同宮時，**配偶脾氣古怪，不一定會離婚。**有『化忌』同宮時，**配偶易有官非或血光。你本身就是頭腦糊塗，看不清事實的人，也會因配偶或桃花而失財，易有多次婚姻。

『廉貪同宮』時，配偶品行差，夫妻爭吵打架無寧日，常有生離死別之象。你的內心就是一種懦弱和強悍，不適當表達的狀況，因此，夫妻會相剋害。**再有『陀羅』同宮**，會因配偶有邪淫桃花而丟臉。也要小心自己有不正常的念頭，而有婚外情。**再有『天空、地劫』同宮**，會結不成婚。**再有『火、鈴』同宮**，配偶脾氣急躁、古怪，易離婚。再有『化忌』同宮，頭腦不清或有官非，或人緣不佳，更易離婚。

『廉相同宮』時，配偶雖不聰明，但能幫忙做事或理財，夫妻和睦。**有『擎羊』同宮時**，配偶懦弱，無能，夫妻不和，但不一定會離婚。

『廉貞化忌、天相、擎羊』同宮時，配偶為黑道或坐牢之人，易犯官非。同時你也是個內心殘障、不明是非，容易成為黑道大哥的女人，或易找非法之士做配偶的人。**有『火、鈴』同宮，**配偶脾氣壞、非善類，會和黑道有關，婚姻不美。**有『天空』或『地劫』同宮時，**感情不深，夫妻相互無助益，或會遠離。

『廉殺同宮』時，配偶為軍警業，或配偶較窮、較凶、性保守，夫妻不和，但不一定會離婚。**有『擎羊』同宮時，**夫妻時有衝突，易生離死別或相互殺害，會離婚或不婚。**有『陀羅』同宮時，**配偶強悍又笨，財不多，工作也辛苦不順利。同時你是個懦弱、陰險、多憂慮的人。**有『火星、鈴星』同宮，**配偶急躁火爆，與黑道有關，易不婚或離婚。**有『天空、地劫』同宮時，**你易與宗教接近，不想結婚，或機緣不好。**有『廉貞化忌、七殺』同宮時，**你易與有官非、犯罪之人婚配，你會頭腦不清，婚姻不久。夫妻間相互仇恨、生離死別。

『廉破同宮』時，易同居、不結婚，或數度更換配偶。你的內心對人不信任，也不信任自己的眼光、認為總是會挑上爛人。另一方面，你的內心大膽開放，喜過劈腿生活，因此易更換配偶，你太不挑了，故配偶或情人也會在工作上無成就，會做破爛、低下或爭鬥多的工作。**有『擎羊同宮』時**，你可能不婚，或離婚，從此不再結婚，或寄身宗教。**有『天空、地劫』同宮**，也會寄身宗教。**有『火、鈴』同宮**，小心易與黑道之人有感情瓜葛，但婚姻或感情不長，易有家暴問題。**有『祿存』同宮**，亦是『祿逢沖破』，配偶是長相醜、保守、內向、懦弱、小氣、自私的人。你如能忍受，就能保持婚姻，如不能忍耐，就易離婚。

『天府』入夫妻宮

『天府單星』入夫妻宮，配偶是你的財庫。配偶會理財、存錢，會幫你打點帳務、存款。夫妻合諧，你自己的內心是富裕，又善於計算的人。**有『擎羊、陀羅』同宮時，**配偶財不多，且有刑財、漏財的問題。你自己的內心是思想怪異、價值觀不好，計算能力不佳的人，常因小失大。夫妻不合，配偶陰險，小心捲款而逃。尤其在卯、酉宮，**有『武殺』相照時，**要小心因桃花或愛情、婚姻而敗財。

●**有『火、鈴』同宮時，**配偶脾氣不佳，存不住錢，財不多。配偶也易常不在家。**有『天空、地劫』一起同宮時，**會結不成婚。只有一個『天空』或一個『地劫』同宮時，配偶頭腦不實際，財似有若無，也易無法存錢，感情也虛空。

『太陰』入夫妻宮

『太陰』單星入夫妻宮，居旺時，在酉、戌、亥等宮，主男命妻子皎美、高雅、賢淑、有妻財，妻子持家有方。女命主夫婿性格溫和、內向、俊美、聰明，有異性緣，薪水好。夫妻感情相互體貼、寵愛。在卯、辰、巳等宮時，配偶仍溫和、瘦型，財不多，或較窮、不富裕，在感情方面也較冷淡、不體貼，只是平常夫妻。若有擎羊同宮時，配偶易有傷殘現象、不和，配偶較窮。或刑你的財。**如在辰、戌宮，『擎羊居廟』時，是以『擎羊』為主的格局，**配偶會強悍、固執，彼此相刑剋。同時你是內心不愉快的人，流年行經夫妻宮易自殺而亡，或有憂鬱症。**『擎羊居陷』在卯、酉宮時，**配偶是懦弱陰險之人，你的內心也會易憂鬱，流年行至夫妻宮，容易自殺。

●**有『火星、鈴星』同宮時，**配偶脾氣古怪、情緒也古怪，易刑剋，而工作多起伏，會影響生活品質。**有『天空、地劫』一起同宮時，**易不婚或離婚。**有一個『天空』或『地劫』同宮時，**夫妻感情較趨淡，配偶事業也會有起伏。

『貪狼』入夫妻宮

『貪狼』單星入夫妻宮，會晚婚，夫妻間相互不能溝通，易離婚或更換配偶。女命，易有好色、好賭之夫。男命，易有任性或品格低劣之妻所困擾，晚婚為吉。**有『擎羊』同宮時，**桃花少或桃花變色，不易結婚或易離婚。**有『陀羅』同宮時，**你較笨，易遭對方家人嫌棄，婚姻有拖拖拉拉的狀況，也易不婚。**有『火、鈴』同宮，**配偶性格怪異，你會突然結婚或突然離婚。要不然就一直不結。**有『天空、地劫』同宮時，**你會頭腦空空，不想結婚，也易錯過姻緣，或桃花少，結不成。**有『貪狼化忌』入夫妻宮時，**易很晚結婚，或等不到人結婚，桃花少。你也會找到人緣不佳，機會不好的配偶。

『巨門』入夫妻宮

『巨門』單星入夫妻宮，『巨門居旺』時，主配偶口才好、愛說話，但也挑剔、愛嘮叨，很煩人。男子會有人生觀開朗、好說八卦新聞的妻子。女子會有性情乖僻、善妒、難接近之夫婿，夫妻間糾紛多。

『巨門居陷』在辰、戌宮時，配偶個子矮或瘦，是非更多，且愛說廢話，夫妻間糾紛更多。同時這也表示你是個內心顧慮多，心境不平靜的人。**有『擎羊』同宮時，**夫妻爭鬥，會打架，吵架不停，相互剋害，易離婚。**有『陀羅』同宮時，**夫妻糾紛多，有雙重是非、不寧靜，配偶較笨，也會事業不順利，要小心有重婚現象。**有『火、鈴』同宮時，**夫妻間有突發之爭鬥，如三合宮位有『擎羊』，你要小心『流年、流月』走到，你會有憤而自殺的慘劇。**有『天空、地劫』同宮時，**夫妻間是非會少，但也關係冷淡，易接近宗教，或不婚，或分居。有『巨門化忌』在夫妻宮時，配偶和你都是頭腦不清的人，你會內心悶，或內心古怪。易不婚，或離婚，或重婚，但都不美，易分開。

『天相』入夫妻宮

『天相』單星入夫妻宮，『天相居得地』之合格以上的旺位時，配偶會貌美、賢淑、脾氣好，會理財，有責任感。易有『親上加親』的現象。夫宜年長為佳，夫妻和睦、相親相愛，感情好。

在卯、酉宮，『天相居陷』入夫妻宮時，配偶是外表瘦小、膽小、懦弱，能力不佳的人。夫妻彼此也不太和睦，配偶易招來災禍或麻煩，讓人頭痛。

●**不論旺弱，有『擎羊』同宮時，是『刑印』格局，**配偶皆是多懦弱、陰險、較窮之人，或身體有傷殘現象，夫妻易不合，或婚姻不久。

有『陀羅』同宮時，配偶很笨、不會理財，或理財有瑕疵，彼此有嫌隙。**有『火星、鈴星』同宮時，**配偶性急躁，易與黑道有關。同時你也是個脾氣古怪、性急，做事粗糙的人。不一定會離婚。**有一個『天空』或『地劫』在夫妻宮時，**表示頭腦空洞、不實際，沒有理財觀念，你也會碰到不會理財的配偶。或你根本不在意，因此不一定能結婚。**有『天空、地劫』一同並坐巳、亥宮時，**表示會不婚或離婚。你的頭腦中，也空空不實際，因此事業多起伏，也做不起來。

『天梁』入夫妻宮

『天梁』單星入夫妻宮，居旺時，主配偶穩重，容貌端正，且事業有名聲、地位。配偶的年紀會稍長，比自己大，且能得到配偶細心照顧。**居陷時，**配偶身材不高、較矮，其年紀有些比自己大，有些比自己小，無法得到配偶的照顧。亦會有與人同居之現象。**有『擎羊』同宮時，是『刑蔭』格局，**故皆婚姻不美，配偶的事業有起伏，配偶也不會照顧你，彼此有刑剋不合。**有『陀羅』同宮時，**配偶頑固、又笨，彼此磨擦多。**有『火、鈴』同宮時，**配偶事業有問題，脾氣壞。**有『天空、地劫』同宮時，在子、午、丑、未等宮，**夫妻聚少離多，或配偶思想不實際，對你照顧不周。**在巳、亥宮，『劫、空』一起同宮，**會不婚，而入宗教。

『七殺』入夫妻宮

『七殺』單星入夫妻宮，表示配偶性格強，而且乾脆、直接。配偶也行動力強、喜打拚，重視事業。同時在你的內心也喜歡做事乾脆、有目標，能達成理想的人。因此只要價值觀相同，相處便無問題了。你們彼此會去找到適應的方式。同時你和配偶都希望彼此能獨立工作，不要依賴別人，所以配合得好，就會有好婚姻。

●**有『擎羊』同宮時，婚姻不美，同時一定有『陀羅』在財帛宮出現**。表示你內心多古怪、計較，而『刑財』。感情也是一種『財』。夫妻宮有刑殺之星時，內心多奸詐、惡毒，同時會做笨事而耗財。也易不婚，或與配偶爭鬥、砍殺而相剋，也要小心遭配偶害死。

●**有『火、鈴』同宮時**，夫妻間爭鬥多，配偶易與黑道有關，也易有意外之災禍發生。你的內心會急躁不安，易有躁鬱症。

●**有『天空、地劫』同宮時**，易與宗教接近，不一定會結婚。

『破軍』入夫妻宮

『破軍』單星入夫妻宮，主配偶個性剛強，性格大膽、爽朗或潑辣。會不拘小節，或不顧世俗的看法。配偶和你是個行動力強的人，在工作上很肯打拚，在感情上亦想有多變的變化。因此易有未婚與人同居，或是有婚外情，或數度更換配偶或對象。就婚姻運來說是不好的。

●**有『擎羊』同宮時，會不婚或離婚，其財帛宮會出現『陀羅』，**表示因內心古怪，錢財會不順。**有『陀羅』同宮時，其命宮有『擎羊』，**也會『刑財』，命中會財不多了，而且會擁有又笨又耗財的配偶，自己本身也會笨又耗財。**有『火、鈴』同宮時，**夫妻間爭鬥多，會少見面。**有『天空』或『地劫』同宮時，**你易接近宗教，也易不婚，或離婚後投入宗教。

『祿存』入夫妻宮

『祿存』單星入夫妻宮，夫妻宮都算是『空宮』形式。配偶會小氣、吝嗇、很節儉自私、人緣不佳，賺自己夠用的一點薪水，不會大富。有時候是吃不飽、餓不死的。若要確實瞭解配偶個性，要兼看相照自官祿宮的星曜來論斷。

●**不過『祿存』單星入夫妻宮時**，其人一定是薪水族，故不會有大發展，按部就班工作和過日子，一成不變的生活，就是幸福。你有此夫妻宮，那會在你的內心，也會這麼保守的認為如此。不過，易晚婚或不易結婚。你會去相親來結婚。

『左輔』、『右弼』入夫妻宮

『左輔』、『右弼』單星入夫妻宮，有再婚現象。也容易重婚，配偶會幫你，但你會有其他的戀情牽扯不斷。夫妻間感情不喜第三者來幫忙，故易離婚、再婚。

●有『左輔』、『右弼』一起在丑宮或未宮為夫妻宮時，表示是『桃花格局』，易多戀情同居而不能結婚。結婚後反而會分離。表示配偶不只一人。

『文昌』、『文曲』入夫妻宮

『文昌』獨坐夫妻宮居廟、居旺時，在巳、酉、申、子、辰等宮，表示配偶有氣質、美麗、知識水準高，精明幹練、計算能力好，有能力賺錢。夫妻感情還不錯。**在寅、午、戌等宮居陷時**，配偶長相粗俗，知識水準低、計算能力差，賺錢能力也差，夫妻感情不佳。

『文曲』獨坐夫妻宮居旺時，表示配偶口才好、才藝多、桃花多，長相漂亮美麗，討人喜歡，人緣好。同時你也是個口才好、喜歡開玩笑、人緣好的人。夫妻生活愉快、有趣。**『文曲』單星居陷在寅、**

午、戌宮為夫妻宮時，配偶和你皆是口才差、很悶、話不多、才藝不佳、人緣不好的人。夫妻間相處很無聊。

『天魁』、『天鉞』入夫妻宮

『天魁』入夫妻宮，主配偶長相老實、有機智，能得貴人相助。

『天鉞』入夫妻宮，主配偶貌美天真可愛，如與『紅鸞』、『天姚』、『咸池』、『沐浴』、『天喜』等多個桃花星同宮於夫妻宮，則主感情上會招惹不必要之麻煩。

『擎羊』、『陀羅』入夫妻宮

『擎羊』單星入夫妻宮居廟時，配偶強悍剛直，自私，胳臂往內彎，頑固、霸道、不講理、愛計較、衝動又敏感。他會讓你不敢反抗。

其實你本身也是個愛計較的人，內心也會認同配偶的做風。因此是一個願打，一個願挨。但是你的財帛宮會有陀羅，因此會進財慢，或耗財。

● **『擎羊』居陷時，在子、午、卯、酉宮時，**表示配偶或你都是時常懦弱又陰險的人。常會為了一些利益或對方太強硬而屈服。要小心會不婚或晚婚。也要小心被配偶殘害。

『陀羅』單星入夫妻宮，居廟時，配偶性剛直強悍、魯莽、頑固、霸道、外形粗、腦子笨，做武職。你的命宮有『擎羊』，你本身是有『刑財』色彩命格的人，因此也不願找太聰明、超過自己的人來做配偶。**『陀羅』居陷時，**配偶瘦或小又笨，亦可能有傷殘現象。

※凡夫妻宮有『羊、陀』獨坐時，配偶都可能有傷殘現象。

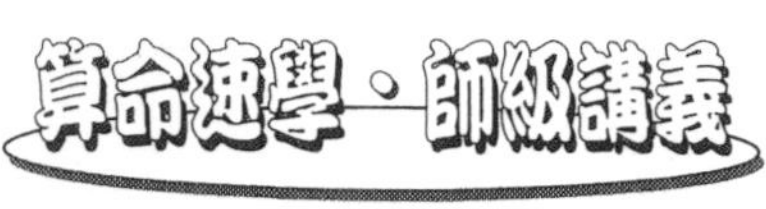

『火星』、『鈴星』入夫妻宮

『火星』或『鈴星』單星獨坐夫妻宮，主配偶脾氣急躁，易怒，喜奔波、速度快，常不見人影，脾氣古怪。居廟時，有暴發之勢、事業可有成就，但不耐久。**居陷時**，配偶工作多辛勞，易暴怒，事業起伏大，夫妻感情不和。有家暴現象，或分居離異，聚少離多。

『天空』、『地劫』入夫妻宮

『天空』或『地劫』單星獨坐夫妻宮，表示夫妻間感情會漸冷淡，你本身就是一個不熱情的人，也會不積極、不主動，因此戀愛機會少，或結識異性的機會少。你也易接近或投身宗教之中。**若在巳、亥宮有『天空、地劫』並坐夫妻宮時**，你會不婚，也不工作，可能會全身投入宗教之中。

4. 子女宮的內容訣竅觀看法

『子女宮』能大概得知子女數，與子女未來性格和成就，以及你和子女相處狀況，與你的生育能力如何，以及你的才華表現如何等現象。（子女數為自然數，現今計劃生育，未必會生這麼多子女數量）

『紫微』入子女宮

『紫微』單星入子女宮時，可生三男二女，子女長相氣派，體面，頭腦聰敏，有成就大事業子女。子女就是來幫忙你平復人生中的不順利的。

●**有『擎羊』同宮時**，只有一子，子女會懦弱、無用，但還長相好。**有『祿存』同宮時**，只有一子，較孤獨、懦弱、自私。**有『火、鈴』同宮時**，子女一人，子女脾氣古怪，與你不親密。**有『天空、地劫』同宮時**，子女少，與你感情不親密。

『紫府同宮』時，子女三至五人，子女會為你帶財來，未來會走財經路線。子女性格小氣，但能存錢，你的財運差，子女在你身邊你就會有錢。你本身的才華就是養了會生財的小孩。**有『陀羅』同宮時**，小孩帶財不多，會有些笨或耗財。**有『祿存』同宮時**，財更少，而小氣。**有『火、鈴』同宮時**，子女少，脾氣壞，不好養。

『紫相同宮』時，有三人，子女長相氣派，會理財，未來也可在政界發展。**有『羊、陀、火、鈴、劫、空』同宮時**，子女少，會懦弱，成就不好。**有『文昌、文曲』同宮時**，子女會窮。

『紫貪同宮』時，有子女二人，易本身男女關係亂。你與子女不親、不能溝通。外貌美麗、氣派，喜往外跑。**有『擎羊、火、鈴、化忌、劫、空』同宮時**，子女一人或無，父子或母子如仇人，相剋害。**『紫殺同宮』時**，子女一或二人，子女是性格乖僻之人，不好養，身體差。未來也與父母不親密。**有『陀羅、火、鈴』同宮時**，最多一人或無子女。你也不喜歡小孩。**有『天空、地劫』同宮時**，無子女。**『紫破同宮』時**，子女有三人，你與子女常意見不合，或有生離之現象，子女會讓你花錢多。**有『擎羊、陀羅』同宮**，有一人，不合，子女品行不好，或身體不佳，而使你耗財。子女和你有刑剋。**有『火、鈴、劫、空』同宮時**，無子女，或有領養子女。子女讓你耗財多。**有『文昌、文曲』同宮時**，子女為懦弱、桃花多，或婚外情所生之子女。

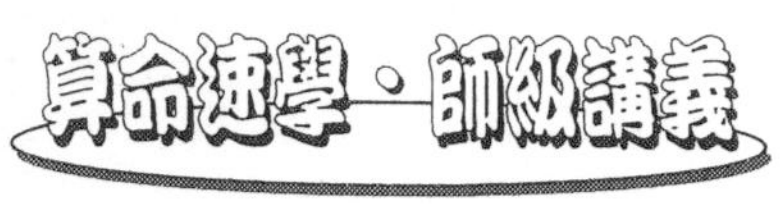

『天機』入子女宮

『天機』單星入子女宮，居廟時，二人或庶出多，子女聰明，有特殊智慧，未來會有傑出表現。居平或居陷時，子女有小聰明，謀生能力不好，未必能奉養你。**有『羊、陀、火、鈴、化忌、劫、空』同宮時**，子女少或無，你也不喜歡養小孩。養也養不好，你本身也無什麼才華。

『機陰同宮』時，子女二人，容貌端正美麗、較陰柔、聰明，情緒多變。在寅宮，子女帶財多，與母親較親密。在申宮，子女較窮，帶財少，與母不和。子女未來會做薪水族。**有『陀羅、火、鈴、化忌、劫、空』同宮時**，子女少，一人或無，不和。

『機巨同宮』時，子女一、二人，頭子難，子女聰明，口才好、善辯，未來會往學術或高科技發展。**有『擎羊、火、鈴、化忌、劫、空』同宮時**，有一人或無。子女成就差，會頭腦不清，或身體有毛病。

『機梁同宮』時，在辰宮有二、三人，或更多。**在戌宮**，只有一子，女兒可多，子女容貌端正，女兒較貼心。你會為子女操勞照顧，子女受父母恩澤大，子女未來為薪水族。**有『羊、陀、火、鈴、化忌、劫、空』同宮時**，子女少，也不聽話，與雙親緣份低。

『太陽』入子女宮

『太陽』單星入子女宮，居旺時，有三男二女，子女活潑爽朗、慷慨大方。並且你可晚年得貴子。**居陷時**，子女二、三人。子女間不太和睦。會彼此悶悶的、不太講話。**有『羊、陀、火、鈴』同宮時**，子女一至二人，不和，難教養。**有『化忌』時**，與子女無緣。

『太陽、太陰』同宮時，有子女二、三人。**居丑宮**，與女兒親密，子女會向財經發展。**居未宮**，與兒子親密，子女會向政界、學界發展。

『陽巨同宮』時，有子女二、三人，頭二胎易養，子女間口舌是非多、愛吵吵鬧鬧，很熱鬧。**與『陀羅、火、鈴』同宮時**，子女一、二人，彼此不和，有衝突，未來也不會奉養你。

『陽梁同宮』時，**在卯宮**，有子女四、五人。**在酉宮**，二、三人。**在卯宮**，子女開朗活潑，成績好，未來有大成就、大名聲。有『羊、陀、火、鈴』沖破，子女少或無。田宅宮不佳時，有『煞星』在也未必有子女。**在酉宮**，子女性格寬宏、事業普通。有『煞星』同宮或相照，子女少，或無。

『武曲』入子女宮

『武曲』單星入子女宮，有子女二人。。子女間相處不算和睦，子女會向政界或財經方面發展。子女會為你帶財來，但他會急於逃離窮困的家庭。**有『擎羊、化忌』時，**子女為窮命，會為你帶來債務。

『武府同宮』時，有三子，欠和，子女會為你帶財來，未來也喜歡賺錢，他們會性格剛強，但仍會和你有情份。有擎羊時，有子一人，子女命窮，與你不和。

『武貪同宮』時，有子女二人，子女間不能溝通或相處不佳，也有子女在幼小時和你死別。你也不太瞭解子女想法。未來子女會離開發展。**有『羊、陀、火、鈴』同宮，**子女一人，性剛強、不太講話。**有『化忌』時，**有一人，會有金錢困擾和人緣不佳的麻煩。

『武相同宮』時，有子女二人，子女會在理財方面有發展，子女穩重、內斂、乖巧。**有『陀羅，火、鈴』同宮**，有一人，不好教養，易耗財。

『武殺同宮』時，主孤或有傷殘之子。有煞星同，無子。

『武破同宮』時，有刑剋，有子一人。子女為較窮又和你彼此不和。**再有『陀羅、火、鈴、化忌、劫、空』同宮**，無子。

『天同』入子女宮

『天同』單星入子女宮，居廟時，可有五人，居平時，二、三人。子女溫順、可愛，女多於男，未來會平順發展，做上班族、薪水族。**有『陀羅、火、鈴』同宮**，只有一、二人，**在巳、亥宮有『天空、地劫』同宮**，無子女。

『同陰同宮』時，在子宮，子女三、四人，**在午宮**，有一、二人。子女為女多於男，或女先男後，常因子女面貌美麗而帶來煩惱。**在子宮**，子女貼心、乖巧，會為父母帶財來。**在午宮**，與子女不親密，也未必想養小孩，未來子女也較窮。**有『擎羊』同宮**，子女一人或較窮。**有『化忌』同宮**，子女少，且不和。

『同巨同宮』時，子女二人，子女間多口舌爭吵，親子間也有隔閡。**有『羊、陀、火、鈴、化忌同宮時**，無子或有一子，也不和。

『同梁同宮』時，在寅宮，有二子，先女後男。**在申宮**，有一子，女兒與你較有緣份。子女為溫和、脾氣好、懦弱的人。

『廉貞』入子女宮

『廉貞』單星入子女宮，子女一、二人，親子間刑剋激烈、不睦。你本身較自私，也會生出較自私的子女，子女更會強硬、不服管教，有『煞星』同宮，子女少，或刑剋分離。

『廉府同宮』時，子女三人，子女愛往外跑，與外人做外交，與家人未必相合。**有『羊、陀、火、鈴、化忌、劫、空』同宮時**，子女少、相剋、不合。

『廉貪同宮』時，子女二、三人，親子緣份薄，你與子女間不太瞭解，溝通有問題，子女為懦弱、無用之人。**有『陀羅』同宮**，子女為不正當關係所生下之小孩。**有『化忌』同宮**，無子，或不和，相互仇視。你並不真心喜歡小孩。

『廉相同宮』時，有子二人，子女尚乖巧，不太聰明，但會為你料理一些事情，但子女間未必融洽。**有『擎羊』同宮時**，子女懦弱、無用、易傷殘。**再有『廉貞化忌』同宮**，有傷殘之子女，一生痛苦。

『廉殺同宮』時，有子一人，親子間緣薄、有剋害、不和。你不喜歡小孩。**有『羊、陀、火、鈴、化忌』同宮時**，有傷殘之子，或無子。

『廉破同宮』時，有子一人，或無，和你相互剋害、緣薄。你不喜歡小孩，也會生出有病或殘障的小孩。**有『擎羊、祿存、火、鈴、化忌』同宮**，子女身體有問題，或有傷殘之子，與你不和，難教養。

『天府』入子女宮

『天府』單星入子女宮，有子五人，有『羊、陀、火、鈴、劫、空』同宮時，只有一、二人。子女性格溫順、乖巧、孝順、頭腦靈活，會為父母帶財來，也與父母感情親密，未來事業上賺錢多。有煞星同宮時，與父母不和，為刑財、耗財之人，不太聽話，父母付出多，子女回報少。

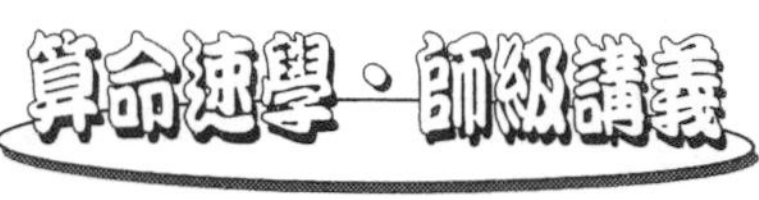

『太陰』入子女宮

『太陰』單星入子女宮，廟旺可有五人，先女後男。居陷時三人。**居廟時**，子女為長相美麗、溫柔、體貼、聽話，和父母貼心，也為父母帶財來的人。**居陷時**，有懦弱無能、虛浮之子，子女也命窮，家庭未來的命運堪慮。**有『煞星』同宮**，子女少、不和。

『貪狼』入子女宮

『貪狼』單星入子女宮，有二人，子女為頑皮、任性、反抗心強的小孩，你不太瞭解子女的想法，未來會因子女問題帶來自己精神上的煩惱。**有『擎羊、陀羅、火、鈴、劫、空、化忌』同宮時**，子女少，一人或無。你也不太喜歡小孩，更與子女無緣。

『巨門』入子女宮

『巨門』單星入子女宮，居廟時有二人。居陷時一、二人。先難後易，**有『天空、地劫』同宮**，無子嗣。子女口才好，愛抱怨、反抗心較強。你與子女間多口舌是非，要花時間來教導。**有『煞星』同宮**，子少，一人或無。你也不太喜歡小孩。

『天相』入子女宮

『天相』單星入子女宮，有二子，乖巧、懂事，未來可在社會上出類拔萃。**有『擎羊』同宮**，子一人或無，有懦弱或傷殘之子。**有『陀羅、火、鈴』同宮**，有子一、二人，子女笨，不聽話。亦有先招養嗣子再親生一、兩個子女的狀況。或有偏房所生之子女。

『天梁』入子女宮

『天梁』單星入子女宮，居廟、居旺，有二人，子女十分孝順，有特別優秀的女兒，你會對子女愛護有加，照顧周全。**有一個『天空、地劫』時，**只有一個子女。**有『擎羊』同宮，**不一定有子女，且不和。**有『陀羅、火、鈴』同宮，**有一子，不算和睦。**『天梁居陷』時，**有一、二子，你會太忙碌了，對子女照顧不周。未來子女也未必有成就。

『七殺』入子女宮

『七殺』單星入子女宮，主孤或一子，子女身體不佳，自幼需費力照顧，親子緣份薄。加『煞星』同宮，易無嗣，若有，亦是脾氣壞、強橫、敗家之子，不成器之人。

『破軍』入子女宮

『破軍』單星入子女宮，有三人，親子間感情不和睦，子女會遠離，有背井離鄉的現象。子女不好教養，膽大妄為，行為乖僻，和你保守的想法不一樣。子女也會讓你破財多。**有『羊、陀、火、鈴、劫、空』同宮時**，子女少或無。

『祿存』入子女宮

『祿存』單星入子女宮，主孤，或有子一人，宜有庶出之子。**有『火、鈴、劫、空』同宮時**，無子。子女是孤單、人緣不佳、保守、懦弱的人。

『文昌』、『文曲』入子女宮

『文昌』或『文曲』單星入子女宮，居廟時，有子女三人，子女可愛、美麗，品學兼優、求知慾旺盛，和父母感情佳。未來也精明幹練，生活好。**居陷時，**在寅、午、戌宮，子女少，一人或無。子女長相粗俗、無文化、不好教養，和父母不和，未來也成就不佳。

『左輔』、『右弼』入子女宮

有『左輔』獨坐子女宮，有子女二、三人，子女為他人帶大之子女。長大後會幫忙家業，會幫助你的事業。

有『右弼』獨坐子女宮，有子女二、三人，子女從小為他人帶大，會乖巧聽話，未來會照顧家人。

『左輔』、『右弼』若和其他的星曜同宮時，在子女宮，表示生子需要借助醫生幫忙，做試管嬰兒或助孕醫療才會得子。

『擎羊』、『陀羅』入子女宮

有『擎羊』獨坐子女宮，居廟，有一人，子女為強悍、霸道、不聽話，讓你痛苦之人，也可能有傷殘之子。你與子女有刑剋。**居陷時**，無子。

有『陀羅』獨坐子女宮，居廟時，有吉星拱照，最多可三、四人。**居陷時**，一人或無。子女會頑固、較笨、性格悶，不太講話，但內心有很多怨氣的人，與你不和睦、有刑剋。

『火星』、『鈴星』入子女宮

『火星』獨坐子女宮，居廟或居旺時，不孤，有子女一、二人，可庶出，子女多有三人。子女體弱多病，自己也易有性苦惱與糾紛。

『鈴星』獨坐子女宮，主刑剋孤單、無子。居廟時，可庶出一、二子。

『火、鈴』入子女宮時，生子女不易，是偶然命中的。未來也和子女見面少，偶而見一、二面。

『天空』、『地劫』入子女宮

只有一個『天空』或一個『地劫』單星獨坐子女宮時，還可能有一、二個子女。但你與子女不親密。子女宜託人養，託人照顧。如果自己養、自己照顧，非旦照顧不好，還有可能失去一子，或無子女。

在巳、亥宮有『天空』、『地劫』並坐子女宮時，無子女。

5. 財帛宮的內容訣竅觀看法

『財帛宮』**是看你手邊可流動的、可使用的錢財多寡**，也可看出你是用何方式及職業在賺錢。更可看出你使用金錢的方式，與是否充裕？或耗不耗財？或是否能儲蓄，能成為富翁？

『紫微』入財帛宮

『紫微』單星入財帛宮時，一生錢財富足可用，不會為錢煩惱，賺錢的方式高尚，是別人送到你手上，或匯入你帳戶的。**在午宮，**收入不錯。**在子宮，**收入普通。**有『擎羊、火、鈴、化忌、劫、空』同宮時，**易花掉錢財，留不住或賺錢少。

『紫府同宮』時，手中錢財充裕富足，且有儲蓄，很會存錢，不太會投資，會小心謹慎使用錢財。一生不愁錢事。工作會是生財多的工作。**有『陀羅、火、鈴、化忌、劫、空』同宮時，**賺錢之事會打折扣，賺錢能力不足，或理財能力不好，易財少，又耗財多，也存不住錢。

『紫相同宮』時，你手上的錢財會一直保持有錢狀態。但一定要理財，要儲蓄，才能致富。你一生辛勞，錢財可能都是別人的財富，你要做名利雙收的賺錢方式才能致富。**有『擎羊』同宮時，**不富裕、管不到錢，也賺不到。**有『陀羅』同宮，**較笨又耗財。有『火、鈴』同宮，理財有瑕疵，易失敗。有『天空、地劫』同宮，易思想不實際，太天真或大意，賺不到錢或失敗。

『紫殺同宮』時，須打拚辛苦才能賺到錢。有意外橫發之機會。也易暴起暴落。用錢則破財凶，會買價貴而不良之物。**有『陀羅』同**

宮，賺錢方法笨、賺不多。**有『火、鈴』同宮**，偶而賺一、兩票，花錢耗財則迅速。**有『天空、地劫』一起同宮**，手中常無錢可花，也不忙碌了。

『紫破同宮』時，四十歲以前不太會賺錢，四十歲以後才稍學賺錢，花錢方式則是會花大錢，買高級貨、品味高，本身好浪費，但會供其揮霍。**有『羊、陀、火、鈴、劫、空』同宮時**，賺錢不力，耗財卻很多，有入不敷出之現象。有『文昌、文曲』同宮時，亦是手邊常窮困，但要花錢高貴、美麗，易靠人吃飯、養活。

『紫貪同宮』時，手中錢財平順，且有祖業可繼承，能守住家業，慢慢發富。**有『火、鈴』同宮**，有暴發運，可中大獎得財。**有『擎羊』同宮**，財不順、保守、小氣，賺錢少。**有『祿存』同宮**，財少，有衣食吃穿。**有『天空、地劫』同宮**，賺錢好運不多，但衣食尚溫飽。

『天機』入財帛宮

『天機』單星入財帛宮，你是薪水族的人，一生財運及變化，居廟，能白手起家、勞心費力賺錢，也會有好的時候。居陷時，一生財運不佳，要有工作才有錢。**有『羊、陀、火、鈴、劫、空、化忌』同宮時**，財運都不順，有時有，有時無，且易無工作能力，靠人吃飯。

『機陰同宮』時，須白手生財，要儲蓄可得大財。在寅宮，薪水多。在申宮，薪水少。**有『陀羅、火、鈴、劫、空、化忌』同宮時**，財不順、較窮。

『機梁同宮』時，能用智慧或發明來生財、大富。**有『擎羊、陀羅、火、鈴、劫、空、化忌』同宮時**，較愚笨，或不用腦子，會靠人養活給錢，自己不工作。也錢財不順，較窮困。

『機巨同宮』時，財運時有變化，宜多讀書，或用高科技證照、用知識賺錢，會賺錢多，或用是非口才來賺錢，如教書或推銷物品。鬧中取財，會有大財。**有『擎羊』同宮**，工作不順、財少。**有『祿存』同宮**，賺小財，夠衣食。**有『火、鈴』同宮**，會有一票、沒一票的賺錢，無發富機會。

『太陽』入財帛宮

『太陽』單星入財帛宮，**居旺時**，錢財順利，一生富裕。**居陷時**，一生勞苦，財運易不順，忙碌求財，易窮。**有『羊、陀、火、鈴、化忌』同宮時**，皆財運不順，賺錢少，或工作斷斷續續，不長久。

『陽梁同宮』時，**在卯宮**，得貴人財。有貴人幫助介紹工作給你，或有長輩給財產、給零用錢給你，一生享福快樂。**有『擎羊』同宮**，貴人不太幫忙你或幫忙少，你也會財少、吝嗇，有錢財困擾。**有『祿存』同宮**，手中錢財少，剛夠吃飯，貴人小氣只幫忙到此。**有『火、鈴』同宮**，貴人古怪，有時有幫一下，有時不幫，故你常一下子有錢賺，一下子無錢賺。**有『天空、地劫』同宮時**，你會不重錢財，有錢也會耗財。**有『化忌』同宮時**，財不順。

在酉宮，貴人無力，故財不多，但可度日。**有『羊、陀、火、鈴、劫、空、化忌』同宮時**，財不順，生活辛苦。

『陽巨同宮』時，在寅宮，靠口才賺錢，是非多，四十歲以後才順利聚財。**在申宮**，命中財少，也是靠口才賺錢、是非多，要有工作才能溫飽，但工作易起伏。**有『陀羅、火、鈴、劫、空、化忌』同宮時**，常不工作，靠人養活。

『日月同宮』時，錢財起伏、不穩定。**在丑宮**，薪水多。在未宮，薪水少。一生忙碌求財。**有『羊、陀、火、鈴、劫、空、化忌』同宮時**，錢不順、較窮。

『武曲』入財帛宮

『武曲』單星入財帛宮，財運旺，主富，有『武貪格』暴發運，辰、戌年會暴發財富。**有『羊、陀』同宮為『刑財』格局**，財少、巧藝維生，仍有暴發運，有意外之財。**有『火、鈴』同宮，也會『刑財』**，亦有暴發運。**有『天空、地劫』同宮時**，財祿成空，對錢財不實際，或看淡。**有『化忌』同宮**，無暴發運，有金錢困擾、財窮。

『武貪同宮』時，錢財上有好運，有暴發運，一生可得大錢財，易暴起暴落。但好運不斷。**有『羊、陀』同宮，『刑財』格局**，財富不多，為平凡人之財運。**有『火、鈴』同宮**，有雙重暴發運，可有超大財富，但暴落也快。**有『劫、空、化忌』同宮時**，無暴發運，也錢財不順，多煩惱。

『武相同宮』時，一生錢財順利，享受優裕，會理財，多花錢在吃穿用度上。**有『陀羅、火、鈴、劫、空、化忌』同宮時**，錢財不順，耗財多，會欠債。

『武府同宮』時，一生錢財富足，愛存錢，小氣、吝嗇，努力賺錢。**有『擎羊、化忌、火、鈴、劫、空』同宮時**，財不順，較窮，耗財多，存不住錢。

『武殺同宮』時，一生較勞苦賺錢，仍賺不多、財少、耗財多，是『因財被劫』的格式。白手成家來生財，易做軍警業。**有『擎羊、**

火、鈴、劫、空、化忌』同宮時，財少，較窮、財少。**『武破同宮』時，**較窮，一生辛勞賺錢，賺不多，易做軍警業來賺錢。有薪水工作較佳，不宜投資或做生意，易失敗、耗財。此亦為『因財被劫』的格式，易財少、窮困。**有『陀羅』同宮，**更耗財、又賺不到錢，較笨。**有『火、鈴』同宮，**賺與黑道有關之財，偶有一、兩票。**有『天空、地劫』同宮，**手邊常沒錢，也易賺宗教之財。**有『化忌』同宮，**易欠債、窮困。

『天同』入財帛宮

『天同』單星入財帛宮，白手起家，做薪水族生財，工作穩定，財也穩定。居廟時，薪水多，工作穩定。居平時，薪水略少，工作不見得穩定。**有『羊、陀、火、鈴、劫、空』同宮時**，工作不穩定，錢財不多，耗財凶。

『同陰同宮』時，在子宮，財多，工作順利，薪水豐厚。**在午宮**，財少，較窮，工作不長久，薪水不多。**有『擎羊』同宮**，工作起伏變化多，財不穩定。有『祿存』同宮，財不多，有衣食而已。**有『火、鈴、劫、空、化忌』同宮**，財不順，存不住錢，有金錢困擾，耗財多。

『同巨同宮』時，錢財不順利、多是非，也較懶惰、工作不長久，賺錢沒本事。**有『羊、陀、火、鈴、劫、空、化忌』同宮時**，無工作能力，易靠人吃飯。

『同梁同宮』時，在寅宮，早年白手生財，且可得貴人財，有貴人介紹工作給你。**在申宮**，較安享，好玩樂，賺錢不多。**有『陀羅、火、鈴、劫、空』同宮**，較笨或不實際，無法事業有成而賺到財富。

『廉貞』入財帛宮

『廉貞』單星入財帛宮，要運用計劃和運籌帷幄來賺錢。鬧地生財多。**有『陀羅』同宮**，較笨、財少。有火、鈴同宮，有古怪聰明，有暴發運得大財富。**有『地劫、天空』**，好高鶩遠，財窮。**有『化忌』同宮**，易有官非、血光，刑財，易錢財不順。

『廉府同宮』時，你會一生錢財富足順利。但你所賺的錢是保守、小規模的錢財，有一份要存起來的錢，這樣才能真富有。你也會做與交際、人脈有關的工作。**有『擎羊、陀羅、火、鈴、化忌』同宮時**，會財不豐，或有官非、災禍，存不到錢、耗財多，財窮的狀況。

『廉相同宮』時，你會用笨方法理財，財運會順利。有擎羊同宮，會被欺負，拿不到薪水，或財窮、有債務。**有『文昌、文曲』同宮**

▽算命速學、師級講義

或相照，也會財窮、不富裕。**有『火、鈴』同宮**，財不多、耗財。**有『化忌』同宮**，財不順，有官非，也易靠人生活。有祿存同宮，有衣食無缺而已。

『廉貪同宮』時，手上可運用的錢財少、財運不佳。你會又小氣、又亂花錢，做軍警業，可錢財順一些。有陀羅同宮時，會賺桃花色情的錢，**有『火、鈴』同宮時**，有暴發運及意外之財。有**『天空、地劫』同宮時**，手邊無錢可用，會自己不想管錢，或由別人養活。

『廉殺同宮』時，賺錢辛苦，手中可用錢財，不富裕。做軍警業可平順，亦會做智慧不高、用勞力打拚的工作。**有『羊、陀、火、鈴、化忌』同宮時**，會窮困，為錢奔命。

『廉破同宮』時，一生勞碌生財，先難後順，耗財多，不會理財和存錢。會做複雜或爭鬥多工作來賺錢。鬧中取財，能得財。**有『擎**

羊』同宮，財窮。易受欺負，賺錢不易。**有『火、鈴』同宮**，錢財消耗快，又進不了財，易窮困。**有『化忌』同宮**，有官非、災禍而耗財，也會窮困。

『天府』入財帛宮

『天府』單星入財帛宮，你善於理財和儲蓄，因此手中的錢財，像經手一個銀行一般，條理分明，一生不必為財煩惱。你的手中就像掌握了一個財庫一般。**有『擎羊、陀羅』同宮時，是『刑財庫』的格局。**因此會耗財、漏財，和財不多。**有『火星、鈴星、天空、地劫』同宮時，**也會有意外刑財、耗財。

『太陰』入財帛宮

『太陰』單星入財帛宮，你屬於『機月同梁』格的人，居廟或居旺時，你的薪水之財很豐厚，也會有豐美的銀行存款，或買房地產出租賺房租，一生富足，按部就班過日子。居平、居陷時，你的薪水之財較少、不豐，也容易窮困，也沒有很行存款和房租可賺。要小心易失去工作，以防生活困難。**有『擎羊、陀羅』同宮時，都是『刑財格局』，**會工作不順利，多起伏，以至於能存留的錢財少，也會耗財多，有財窮的徵兆。**有『火、鈴』同宮時，**也會刑財，有意外之災、太衝動、急躁而耗財。**有『天空、地劫』同宮時，**同宮易財空或劫財。**有『化忌』同宮，**有錢財困擾，易欠債。

『貪狼』入財帛宮

『貪狼』單星入財帛宮，居廟時，你會有『武貪格』暴發運，能橫發財富，一生財運好。居旺時，也能財運好，人緣機會多，賺錢容易居平時，賺錢運有一點，不算太多，但也比較一般人好太多了。因為你的環境天生就比別人富裕，因此賺的也比別人多。但你有浪費的習慣，也容易賺的多又花得多。你永遠不愁手邊無財。你易擁有大財富。**有『擎羊、陀羅』同宮時**，有暴發運的人，仍會發，但財富規格小很多。可能會慢發或不發。無暴發運的人，賺錢上也會少很多，這是『刑運』格局，財運會差很多。**有『火、鈴』同宮時**，和居廟的『貪狼』會形成『雙暴發格』。和居旺、居平的『貪狼』形成『火貪格』、『鈴貪格』，因此都能有暴發運了。**有『天空、地劫』同宮時**，為『運空』或『劫運』

格局，會失去暴發運，也會頭腦空空、不實際而有麻煩，會財不順，也會工作不長久，較窮。

『巨門』入財帛宮

『巨門』單星入財帛宮，你是『機月同梁』的人，必須賺薪水財。而且是白手生財起家，要鬧中進財，和賺與口才有關的錢財，以教職或法官、律師最佳。居旺時，你口才好，有競爭力，能辛苦得財。但也是非多，故也可賺是非之財。居陷時，是非和競爭份外嚴重，故錢財難賺，會財少。你也會耗財多、留存不了錢財。

● **有『羊、陀、火、鈴、劫、空、化忌』同宮時，**是窮困無財，一生會為錢財勞心勞力，不得安寧。財運破敗多端。

『天相』入財帛宮

『天相』單星入財帛宮，居旺時，你會保守的、小心翼翼的數著錢過日子，你會花和享受有關的錢。你會理財和料理與財務有關之事。其實你周圍環境會保守，機會不算多，所以你會存錢理財，使自己富饒，但未必會成為大富翁。你會有穩定的工作來得財，仍是上班族的財祿。**居陷時**，理財能力差、耗財多，有浪費習性，故易財窮，手邊常不富裕，但環境中機會好、財多，要外出求財，才能財多。**有『擎羊、陀羅』同宮時**，是『刑印』格局，表示不能掌財權，故你不會理財，也賺不到什麼錢。會生活不穩定，或較窮。**有『火、鈴』同宮時**，會『刑福』，也會耗財和賺錢少。**有『劫、空』同宮時**，是自己思想、觀念不實際，而無福、無錢，是自己不想賺。

『天梁』入財帛宮

『天梁』單星入財帛宮，居廟、居旺時，能得貴人財，會有貴人或長輩介紹工作給你，讓你賺錢得財。你也會靠名聲響亮來得財。**有『陽梁昌祿』格的人**，可靠學識得財。基本上你仍是薪水族的人，要用工作日積月累才會有財富。**居陷時**，所得貴人財少，而且勞心苦志，辛勤求財，財不多，手邊用度少。**有『羊、陀、火、鈴、劫、空』同宮時**，皆財運不佳，工作不長久，無貴人運，也無名聲來得財之機會。

『七殺』入財帛宮

『七殺』單星入財帛宮，必須外出勞碌、辛苦打拚，才有錢賺。在寅、申、子、午等宮都有財富橫發的機會，能得大財富。在辰、戌宮賺正財。**有『羊、陀、火、鈴』同宮時**，賺錢時爭鬥多，賺錢不易，也財少。**有『天空、地劫』同宮時**，表示沒有辛苦打拚，故財富較空，手邊可用的錢很少。

『破軍』入財帛宮

『破軍』單星入財帛宮，必須用辛苦打拚、奔波和投資的方式，勞心勞力，才能賺到錢。你本身是個好運的人，眼光都很準，所以體力和財力的投資都會精準而賺到錢。**有『擎羊、破軍』同宮**，是打拚不對方向，又投資不對地方，易血本無歸，會窮困。**有『破軍、陀羅』同宮時**，表示會做複雜、雜亂、鬥爭強或粗鄙的工作賺錢，一生中會有多次失敗、倒閉經驗。**有『火星、鈴星』同宮**，賺錢方式會和黑道有關連。同時也會賺錢、耗財速度很快、財來財去很快。**有『天空、地劫』同宮**，會缺乏打拚力少又很清高，賺不到什麼錢，又耗費多，會周轉度日。**有『文昌、文曲』同宮或相照**，皆為窮命格式。

『祿存』入財帛宮

『祿存』單星入財帛宮，都是對錢財保守、小氣、吝嗇，很節儉，很會存錢，只賺自己的衣食吃穿，沒有大企圖心，也不想賺大錢。一生膽小，不會投資，也怕別人來覬覦他的錢財。所以一生辛苦勞碌，只求一己的富足。故不會成為大富翁。

『祿存』和其他的財星同宮時，會規格化別的財星，使其變小、變保守、小氣，財運規模也不大了。**例如『武府』和『祿存』同宮，『武府』的財就變小了，**是一種剛夠衣食溫飽的富足感覺，並不會成為大富翁了。

『文昌』、『文曲』入財帛宮

『文昌』獨坐財帛宮，居廟時，精明幹練、計算能力好，會理財，也財運佳，會用文職或文藝、才華來賺錢。**居陷時，**不精明、計算能力不好，不會理財、財運差。

『文曲』獨坐財帛宮，居廟、居旺時，財源茂盛，熱鬧滾滾，會用才華、口才、韻律等特殊才藝來賺錢。財運好，**居陷時，**才藝不佳。

『文昌、文曲』在丑、未宮並坐財帛宮，容易享福不賺錢，靠人養活，或賺桃花、色情的錢。

『左輔』、『右弼』入財帛宮

『左輔』單星獨坐財帛宮，表示有平輩男性會幫助賺錢，但賺錢的模式仍要看福德宮相照回來的星曜是什麼？而定財富的多寡。

『右弼』單星獨坐財帛宮，表示有平輩女性會幫助賺錢得財。但賺錢的模式仍要看福德宮相照回來的星曜以定財富的多寡。

有『左輔、右弼』獨坐財帛宮時，都表示自己的能力不強，財祿是別人之財，是別人相助借用而已。你本身的財力不佳，也容易靠人過日子。

『左輔、右弼』二星並坐財帛宮，必會在丑、未宮，表示你手中的錢財會和桃花有關，你也易靠別人過活，自己不用賺錢，或是賺間接由別人身上所得之財。

『擎羊』、『陀羅』入財帛宮

『擎羊』單星入財帛宮，居廟時，會做競爭激烈的工作賺錢，或是靠血光、殺伐、爭鬥來賺錢。適合做軍警業、外科手術醫生、屠宰業或精細手工的行業，有巧藝維生。爭鬥凶、血光重，錢財多，爭鬥輕時錢財少。一生勞心勞力不滿足。**居陷時**，錢財不豐，常困窘，也易無巧藝，賺錢技能差，易無法溫飽。

『陀羅』單星入財帛宮，居廟時，用體力勞苦生財，做軍警業、勞力付出業為佳。但易拖拖拉拉，或中途不肯做了。易工作不長久，或中途離職賺不到錢。**居陷時**，懶惰、愚笨，也無法得財，一生勞苦，貧窮。

『火星』、『鈴星』入財帛宮

『火星』或『鈴星』獨坐財帛宮時，居廟時，表示會有一票沒一票的賺錢。會突然熱鬧時有錢。突然冷清時沒錢賺，不長久。有時也偶然有意外之財，機會也不多。錢財上仍耗財多。**居陷時**，錢財不順，機會少，常冷清沒財運。

『天空』、『地劫』入財帛宮

『天空』入財帛宮獨坐時，表示對錢財天真、不實際，沒有想太多和錢有關之事，為人清高、不談錢，故也賺錢不多。手邊空空也自得

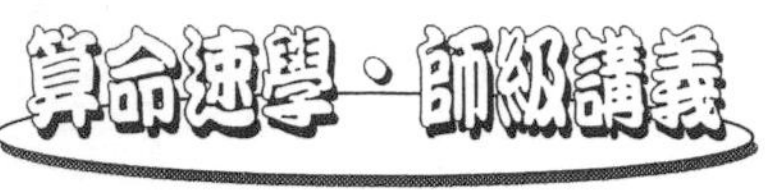

其樂。

『地劫』入財帛宮獨坐時，表示對錢財有另類思想、不切實際，故會賺不該賺的錢，或會花不該花的錢，而使自己陷於空無錢財之境。

『天空、地劫』在巳、亥宮並坐財帛宮時，手邊真的沒一點錢。財運極壞，但也輕鬆自在，不會為錢煩惱。此格局多半在出家人身上看到，有人會供給衣食。

※財帛宮如無主星，請看對宮相照的星為主，也就是以福德宮的星曜來看財運及用錢狀況。

6. 疾厄宮的內容訣竅觀看法

『疾厄宮』是看個人健康和容易患的疾病之宮位。健康也是財的一種，由疾厄宮之星曜來看個人先天遺傳，以及後天生養過程中會發生的疾病，來藉以預防病災，以達延年益壽之功效。

『紫微』入疾厄宮

『紫微』單星入疾厄宮時，一生少有大病，身體很健康，若有病也能得良醫治癒。要注意脾、胃方面的問題。**有『擎羊、火、鈴、劫、空』同宮，**要小心頭部、心臟、躁鬱症等問題。

『紫府』同宮時，一生少病災。要小心脾、胃問題。**有『陀羅、**

火、鈴、天空、地劫』同宮時，要小心傷災和脾瘤問題。

『紫相同宮』時，災少，要小心腺病體質、皮膚病或貧血。

『紫殺同宮』時，災少，要小心常感身心疲乏、四肢無力。也要小心感冒和大腸的問題。

『紫破同宮』時，要小心臟、血壓，以及神經系統不諧調之病症。**有『擎羊、陀羅』同宮時**，身體不佳，易開刀。**有『火、鈴』同宮**，有皮膚病、過敏、躁鬱症。**有『天空、地劫』同宮**，有癌病跡象。

『紫貪同宮』時，要小心房事過度而生病。以及脾、胃、肝臟、筋骨方面的問題。問題不大。

『天機』入疾厄宮

『天機』單星入疾厄宮，幼年襁褓多災、頭面有破相，有手足傷災、筋骨酸痛、神經系統的毛病。**有『羊、陀、火、鈴』同宮**，有手足傷、肝、腎、心臟問題。

『機陰同宮』時，要小心手足傷災、皮膚病、痔瘡，以及腎臟、肝臟、乳房、生殖系統等問題。

『機巨同宮』時，要小心手足傷災、高血壓、心臟病、神經系統、消化系統的毛病。

『機梁同宮』時，要小心手足傷災、下腹或膀胱、腎臟、脾臟部份易患病。

『太陽』入疾厄宮

『太陽』單星入疾厄宮，要小心頭部、腦部疾病，頭風寒涼之疾，**居陷或有『擎羊』同宮時，**要小心眼疾和憂鬱症自殺。**有『火、**

鈴』，小心長瘤。**有『劫、空』同宮**，有癌症。

『陽梁同宮』時，小心糖尿病、脾臟、腎臟有問題，以及消化系統的問題，大腸癌等。

『陽巨同宮』時，小心頭風、感冒，以及消化系統、大腸等問題。

『日月同宮』時，在丑宮，小心頭部、感冒、目疾。在未宮，小心肝腎不佳、生殖系統不佳。**有『羊、陀、火、鈴』同宮**，肝、腎、眼目問題嚴重，**有『天空、地劫』同宮**，有神經系統的毛病及癌症問題。

『武曲』入疾厄宮

『武曲』單星入疾厄宮，禍祿多災，有手足頭面之傷，小心大腸、肺部、氣管有疾病，易感冒。

『武府同宮』時，災少，有氣喘，大腸、肺部、氣管等問題。

『武相同宮』時，災少，有感冒，小心肺部、氣管、大腸、貧血、腎臟等問題。

『武貪同宮』時，災少，小心肺部、氣管、大腸、手足、臉部神經系統的問題。

『武殺同宮』時，小心易血液循環不佳的毛病，以及肺部、大腸的毛病。**有『擎羊』同宮，**易手足傷殘或重症，肝腎不佳，早夭。

『武破同宮』時，身體大太好，有肺部、大腸、氣管、腎、膀胱、生殖系統、淋巴系統，水道系統的問題。亦可能同時有好幾種病症。**有『陀羅』同宮，**有壞牙、骨骼之傷。

『天同』入疾厄宮

『天同』單星入疾厄宮，病災少，在卯、酉宮，小心耳疾。

『同陰同宮』時，在子宮安泰。在午宮，小心肝、腎、膀胱之疾，以及生殖系之疾。**有『擎羊』同宮，**有血液循環不佳、肝腎有疾。

『同巨同宮』時，小心易患心臟病、高血壓、神經系統不良症。

有『火星、擎羊』同宮，要小心酒色之疾。**有『化忌』同宮，**易患耳眼之病。

『同梁同宮』時，小心泌尿系統、脾、腎，心臟等問題，也要注意肝病。

『廉貞』入疾厄宮

『廉貞』單星入疾厄宮，年幼多瘡或腰足之災。小心血液的問題，易有血光、開刀之事。**有『陀羅』同宮，**易有手足傷災、壞牙。

『廉府同宮』時，健康大致良好，小心血液問題，及脾、胃不佳。

『廉相同宮』時，要小心糖尿病、貧血，以及肝、腎、膀胱的毛病。

『廉貪同宮』時，易患眼疾、性無能、神經系統的毛病。

『廉殺同宮』時，小心氣管、感冒，肺部、大腸、目疾、血光之災。**有『擎羊』同宮，**小心傷殘和肝腎有問題。

『廉破同宮』時，身體不佳，常生病，要小心呼吸器官、肺部疾病，也要小心血液，及膀胱、腎臟、生殖系統的毛病。**有『擎羊』同宮**，小心手足傷殘、腦震動之災。

『天府』入疾厄宮

『天府』單星入疾厄宮，一生健康災少，要注意脾胃，濕熱浮腫之疾，亦無大礙。**有『羊、陀、火、鈴』同宮，**小心肝腎、眼疾、皮膚病、長腫瘤，身體不佳，易開刀。**有『天空、地劫』同宮，**小心癌症。

『太陰』入疾厄宮

『太陰』單星入疾厄宮，居廟，健康少災，小心肝腎、膀胱、生殖系統較弱。下半身寒涼。**居平、居陷時，**小心勞傷、傷殘問題。上述肝腎、生殖系統的問題更嚴重，易不孕。

『貪狼』入疾厄宮

『貪狼』單星入疾厄宮，居廟時，健康強壯。**居平時，**小心肝腎的問題，全都要小心神經系統不良症及筋骨酸痛的問題。**有『羊、陀、火、鈴』同宮，**有傷災、眼目不佳，或長神經瘤。

『巨門』入疾厄宮

『巨門』單星入疾厄宮，年少時易患膿血之疾，長膿包。長大有消化系統、大腸、直腸、胃部、膀胱、排泄系統的毛病。**有『羊、陀』同宮，**小心好酒色而得病。**有『化忌』同宮，**小心口、耳、眼、大腸、肛門有疾。

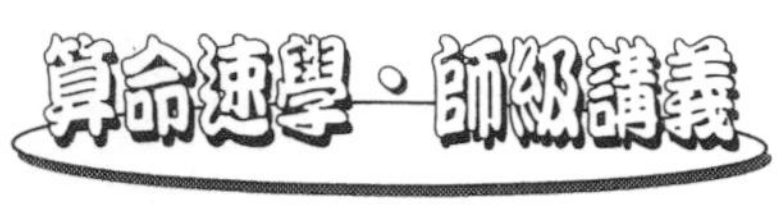

『天相』入疾厄宮

『天相』單星入疾厄宮，居廟時，一生健康好，要小心皮膚病、血氣、地中海型貧血、面皮黃腫等疾，亦要小心糖尿病。**居陷時**，小心殘疾，宜注意感冒及脾臟、肝、腎、泌尿、淋巴及水道系統的毛病。

『天梁』入疾厄宮

『天梁』單星入疾厄宮，居廟時，健康，要小心脾胃、肝腎較弱。要小心肝氣犯胃之症。**居陷時**，在巳、亥宮，要小心血液含雜質。**有『擎羊』同宮**，小心肝腎問題。有陀羅，傷災、壞牙。**有『火、鈴』**，小心肝腎不佳、肢體傷殘。**有『劫、空』同宮**，小心癌症。

『七殺』入疾厄宮

『七殺』單星入疾厄宮，幼年多病、不好養，要小心肝炎刑肺，及常脾胃不佳、有肺病、氣管炎、腸炎、痔瘡等問題。

『破軍』入疾厄宮

『破軍』單星入疾厄宮，幼年易患皮膚病及膿腫之症，呼吸道弱，小心支氣管炎、肺炎、膀胱、腎臟、水道系統的毛病，身體很破，常吃藥，易開刀。亦會有生殖系統毛病，婦女病。**『文昌、文曲』同宮時，**小心大腸的問題。

『祿存』入疾厄宮

『祿存』單星入疾厄宮，年幼多病，要小心常感冒，及脾胃方面的毛病。

『文昌』入疾厄宮

『文昌』入疾厄宮，都代表有大腸方面疾病，其次是肺部毛病、感冒等事。

『文曲』入疾厄宮

『文曲』入疾厄宮，都代表膽部毛病，與下半身寒涼，這會與生殖系統有關，易腎虧或難受孕，或女子子宮弱，有帶下之症等。

『左輔』入疾厄宮

『左輔』入疾厄宮，身體的問題在脾、胃。下半身寒涼，生育要靠醫生幫忙。

『右弼』入疾厄宮

『右弼』入疾厄宮，易犯上火下寒之疾，或婦女病，生育要靠醫生幫忙。

『擎羊』入疾厄宮

『擎羊』單星入疾厄宮，身體毛病多，大多在頭部、大腸、肝病、腎臟，有四肢無力及頭風因感冒等問題，也會眼目不佳、易開刀。如果頭面有破相，可延壽，否則壽短。

『陀羅』入疾厄宮

『陀羅』單星入疾厄宮，幼年多災多難，要小心骨骼傷、肺部疾病，口齒、頭面有傷，可延壽。

『火星』、『鈴星』入疾厄宮

『火星』、『鈴星』單星入疾厄宮，小心皮膚病，長腫塊、腫瘤，上火之症、火傷、燙傷。

『天空』、『地劫』入疾厄宮

『天空』、『地劫』入疾厄宮，只要出現一個，就有生癌症的可能。**父母宮有『天空』、『地劫』，**會相照疾厄宮，也易生癌症。父母早亡者，更驗。

※疾厄宮如無主星，請看對宮相照的星為主，也就是以父母宮的星曜來看疾病及健康狀況。

7. 遷移宮的內容訣竅觀看法

『遷移宮』：代表你周圍外在之環境，是自出生至老死所大致形成之規模，它也會影響你的運勢，更關係你的人際關係與社會地位的變化。

『紫微』入遷移宮

『紫微』單星入遷移宮時，你會到處受人尊敬，也會有長輩，或有力之人提拔及贊助。更會生活在優裕、高貴的環境之中，一生好運不斷。

『紫府同宮』時，你會環境優沃，物質水準高，也會受人寵愛，一生都在富裕生活之中過日子、賺錢容易，能因遷移或調職而發達。

『紫相同宮』時，你會一生生活平順、享福，環境中都是溫和、自重的人。會有人幫你理財和打理事情。你最好離鄉能展才華，到外地發展，能有大財運。**有『擎羊』同宮或相照時，**為『刑印』格局，會懦弱，一生無用。**有『文昌』、『文曲』同宮或相照時，**會終身窮、周轉度日。

『紫貪同宮』時，在外有普通的好運，尚能受人敬重，有貴人提拔，勞力生財。在外桃花多，人緣好，但易擔誤前程。**有『擎羊』同宮時，**人緣、運氣皆不佳、生活辛苦。**有『火星』、『鈴星』同宮時，**有暴發運及意外之奇遇，但你會性格古怪。**有『天空』、『地劫』、『化忌』同宮時，**你會桃花少、人較正派，不會被桃花牽累，但也保守，無大發展。

『紫殺同宮』時，你周圍的環境是高尚、冷淡、忙碌，大家都拚命幹活、很公事化和冷漠的環境。你周圍的人也是地位高、一板一眼、按部就班，不講情面的人，因此你也容易對人冷漠、無情，做事認真打拚，只是追求一些物質生活而已。你也適合在軍警或金融界、政治界工作。**有『陀羅』同宮**，環境較差一些，只是普通中等環境，且環境中人多半較笨又蠻幹之人。**有『火、鈴』同宮**，環境中有意外之爭鬥，不合。**有『天空、地劫』同宮**，環境是看起來有點忙，但又確實不忙，看起來有些高貴，卻真實裡也不高貴的。

『紫破同宮』時，環境是表面高貴、漂亮，內裡破敗。或是一面打拚一面享受的環境。環境中的人也易是落泊的貴公子，或只會花錢或成事不足的人，或是家境尚好，但父母離異的家庭，在外受貴人見愛，受小人怨恨。**有『擎羊、陀羅』同宮時**，環境較窮，且易受欺負。

有『火、鈴』同宮時，會和黑道、惡勢力有關。**有『天空、地劫』同宮**，會與宗教有關，或環境破敗而虛空。

『天機』入遷移宮

『天機』單星入遷移宮，環境多變化起伏，居廟時，會愈變愈好。**有『化權』時**，能掌握變化而有成就，環境中多聰明人。離鄉能受貴人扶持，在家易發生糾紛、是非不斷。居陷時，環境愈變愈壞，不變才好。**有『擎羊、陀羅、火、鈴』同宮**，爭鬥多，環境不佳，一生多困難，你也易是個陰險、麻煩之人。

『機陰同宮』時，會奔波生財、愈忙愈吉利。在寅宮，賺錢多，女性對你有利。在申宮，賺錢少，女性對你冷淡、不和。**有『陀羅、火、鈴、化忌』同宮**，有車禍傷災，財不豐，感情受挫。

『機巨同宮』時，環境中多是非、變化。也易是高知識、高科技的環境。**有『擎羊、火、鈴、化忌』同宮**，是非爭鬥凶，知識水準不高。

『機梁同宮』時，環境中多清高之人，具有手藝或藝術，能發揮才華，外出有貴人。**有『擎羊、陀羅、火、鈴、劫、空、化忌』同宮**，自做聰明，反而不吉。

『太陽』入遷移宮

『太陽』單星入遷移宮，居旺時，環境陽光普照，運氣好，事業運佳，易有成就。**居陷時**，環境晦暗，易窮、運氣衰，事業不佳，工作不長久，沒有成就，宜外出發展，不可靜守。**有『羊、陀、火、鈴』同宮**，在外是非爭鬥、身心不安寧。**有『化忌』同宮**，古怪、安靜，沒機會，或是非多，有災禍。

『陽梁同宮』時，出外受貴人幫助而發達。容易是有名聲響亮、知識水準高的環境。**有『擎羊、火、鈴、劫、空、化忌』同宮時，**無名無利，也無貴人，運不好，環境差，有是非爭鬥。

『日月同宮』時，在丑宮，是主富為主的人生。**在未宮，**是以主貴為主的人生。你的環境陰晴不定、常變化，運氣時好時壞，你的情緒也常變化。因此更增加人生中的不確定性。**在丑宮，**可多得錢財、薪水好。在未宮，工作運較佳，名聲響亮。

『陽巨同宮』時，環境中多是非爭鬥，你容易勞心勞力，工作事倍功半。**在寅宮，**環境吵雜、吵吵鬧鬧，有時還開朗、寬宏，過得去。在申宮，爭吵多，爭吵後易冷戰。有『陀羅、火、鈴、化忌』同宮，爭執更凶，痛苦更深。

『武曲』入遷移宮

『武曲』單星入遷移宮，環境中富裕、財多，故你奔波勞心勞力來賺錢，你也會有較現實的價值觀。宜鬧中安身、不宜靜守。**有『擎羊、陀羅、火、鈴、劫、空、化忌』同宮時，**皆是『刑財』格局，會財少、較窮，或有傷災及耗財。

『武府同宮』時，環境富裕、有錢，對錢敏感，能存錢，也熱愛享受物質生活，會對人吝嗇，對自己大方。一生忙中求財，能成為大富商。**有『擎羊、化忌、火、鈴、劫、空』同宮時，**有錢財麻煩，有債務，會窮。

『武相同宮』時，環境舒適，有衣食享受，在外發達、發財。會重視生活上的享受，努力不會太多。**有『陀羅、火、鈴、劫、空、化**

忌』同宮時，生活不穩定，財不豐，衣食不穩定。

『武貪同宮』時，周圍環境財多，機會多，運氣好，也很強硬打拚、人緣不錯。能有特殊機會而發富，有偏財運。**有『羊、陀、火、鈴、劫、空、化忌』同宮時**，運氣受阻、減低，也財少，環境中爭鬥多、較困難。

『武殺同宮』時，環境中較窮、較辛苦，是『因財被劫』的環境，會勞心勞力、不得安寧，生活動盪不安，會向外打拚求財、賺錢少。**有『擎羊、化忌』同宮**，環境凶惡、易被殺死亡，或車禍傷災、死亡。**有『火、鈴』同宮**，易與黑道、非法之人有關。**有『劫、空』同宮**，頭腦空空，打拚不力，一事無成。

『武破同宮』時，『因財被劫』，較窮，或爭鬥多，會一生勞心勞力，身心不得安寧。**有『陀羅、火、鈴』同宮**，在外易惹是非糾紛，易與黑道有關。**有『地劫、天空』同宮時**，會不工作，接近宗教。**有『化忌』同宮**，一生窮命，欠債，惹是非糾紛，易喪命。

『天同』入遷移宮

『天同』單星入遷移宮，環境平順，溫和，能享清福，不勞碌，有衣食，生活快樂安享，也易懶惰、愛玩。**有『羊、陀、火、鈴、劫、空』同宮時**，無福，或有災，傷殘，或爭鬥吵鬧不停。

『同陰同宮』時，在子宮，享福快樂、生活優裕，財多，能享受愛情生活，也能白手起家，創業有成。在午宮，環境較窮、勞苦辛勤，未能溫飽。**有『擎羊』同宮**，生活辛苦，財少，周圍有問題會成為你頭痛關鍵，讓你一生不舒服。**有『火、鈴、劫、空、化忌』同宮時**，多是非爭端，會有債務，不快樂。

『同巨同宮』時，在外是非多，周圍全是溫和、嚕嗦，有小麻煩的小人。一生都是內心不舒暢，口舌是非多。**有『擎羊、陀羅、火、鈴、劫、空、化忌』同宮時**，會有傷殘現象，或爭鬥更凶。

『同梁同宮』時，周圍是溫和、愛玩的環境。在寅宮，有長輩貴人扶持。在申宮，不喜長輩管，故無貴人，會努力後繼無力。**有『陀羅、火、鈴、劫、空』同宮時**，較笨，無貴人，也無福享受。

『廉貞』入遷移宮

『廉貞』單星入遷移宮，環境中爭鬥多，是深沈、暗中有爭鬥變化的環境。宜外出發展，不宜待在家中，外出才有機會、有成就。**有『陀羅、劫、空、化忌』同宮時**，會笨而頭腦不清，有官非災禍，或有色情之災。**有『火、鈴』同宮**，有暴發運，可發富。

『廉府同宮』時，周圍環境是有小康型態的優裕環境，且人緣交際手腕好的環境，會讓你游刃有餘的賺錢、生活，不會成為巨富，但很富足。你也會具有保守心態來存錢。**有『擎羊、陀羅、火、鈴』同宮時，**環境不算富裕，且有災禍常發生，易有傷殘現象，也會財少。**有『化忌』同宮，**易有官非、血光，不善終。

『廉相同宮』時，周圍環境是溫和、乖巧、有點笨、不算聰明，但可享福，是你可控制的環境。環境中的人也會為你幫忙工作和替你善後工作。因此你會大刀闊斧衝動十足的打拚努力，遇良機可成功立業。**有『擎羊』同宮，**為『刑囚夾印』，會懦弱、受欺負，不成功，無成就。**有『火、鈴』同宮，**與黑道有關。**有『化忌』同宮，**身體易傷殘，有血光開刀糾正，也會頭腦不清、有精神病。

『廉貪同宮』時，周圍環境不佳，人見人厭，人緣不好，惹人討

算命速學、師級講義

厭，生活艱辛，常遇災禍，機會缺少，易窮，或靠人吃飯，會懦弱、邪惡，看人臉色過日子。**有『陀羅』同宮時**，是『風流彩杖』格，易為強暴或不名譽色情關係所生之人，也容易待在風化場所生存。**有『劫、空』同宮**，為僧道之命，會依靠宗教維生。**有『火、鈴』同宮**，環境古怪，有暴發運，但一生不穩定，也會有意外之災。

『廉殺同宮』時，是辛苦用腦不多、憑雙手打拚、白手成家的環境。必須在外勞心勞力、謹慎積蓄，才會有錢。**有『擎羊、陀羅』同宮時**，有車禍、傷災、意外喪命，環境也險惡、不富。**有『火、鈴』同宮**，與黑道有關，有意外之災。**有『化忌』同宮**，有血光或官非爭鬥，易喪命或傷殘。

『廉破同宮』時，環境中爭鬥多、複雜、破碎、窮困、不平靜，易有破碎家庭、父母離異或自己離婚，一生辛勞不富裕。**有『擎羊』同**

宮，有傷殘現象，會懦弱、受欺，委屈過日子。**有『火、鈴』同宮**，易與黑道有關，有意外災禍。**有『地劫、天空』同宮**，會接近宗教，看破凡俗。

『天府』入遷移宮

『天府』單星入遷移宮，表示環境就是你的財庫，你一定要外出打拚求財，才會有財祿。不宜靜守在家。**有『擎羊、陀羅、火、鈴、劫、空』同宮時**，環境中財不多，有瑕疵，你打拚會無力，生活會困苦。

『太陰』入遷移宮

『太陰』單星入遷移宮，居廟時，環境中是薪水族財多的環境，周圍的人也會對你體貼、溫柔、呵護、疼愛。**居平、居陷時，**環境是較窮、不富裕的薪水族環境。周圍的人對你較冷淡，疼愛不多。**有『羊、陀、火、鈴、劫、空、化忌』同宮時，**會較窮，有金錢困擾，別人也對你態度惡劣。

『貪狼』入遷移宮

『貪狼』單星入遷移宮，居廟時，表示周圍好運多、機會多，會東奔西跑，勞苦取財，但取不多。要鬧中進財。**居平時，**表示機會平平，也會勞苦取財，但取不多。**有『羊、陀』同宮，**為『刑運』格局，會機會較小，賺錢不多，易不想動，較悶。**有『火、鈴』同宮時，**會有暴發運，能得大財富，但脾氣古怪、靜不下來。**有『劫、空、化忌』同宮，**會有債務成運氣不開，一生辛苦。

『巨門』入遷移宮

『巨門』單星入遷移宮，會一生辛勞不安定，且常招惹是非、災禍不斷。**居旺時**，口才好，能說服人，也能利用是非來賺錢。**居陷時**，一生無大出息，口舌便佞，好吃食而已。**有『羊、陀、火、鈴、劫、空、化忌』同宮時**，是非爭鬥多，生活不順利、波折多，也易不富裕。

『天相』入遷移宮

『天相』單星入遷移宮，周圍環境平和、享福多，環境中整齊、規矩、有秩序，財運也好，理財能力也強。到那裡都能輕鬆享福。**有『羊、陀、火、鈴、劫、空』同宮時**，會懦弱、受欺，或火爆、刑福，不平順。

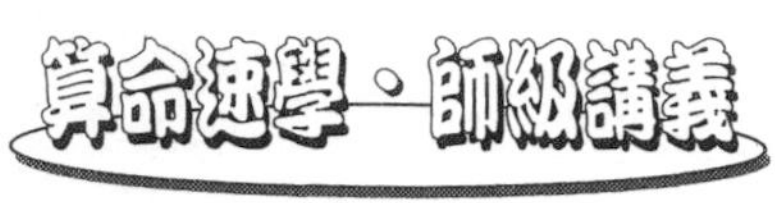

『天梁』入遷移宮

『天梁』單星入遷移宮，居廟時，外出有貴人幫忙有成就。周圍有長輩照顧生活，會在名聲清亮的環境中生活。**居陷時**，無貴人照顧，也不喜長輩管你，也會在無名、默默無聞中生活。**有『擎羊、陀羅、火、鈴、劫、空』同宮時**，皆是『刑蔭』格局，無貴人，也無成就。

『七殺』入遷移宮

『七殺』單星入遷移宮，一生勞碌、打拚，在家日子少，在外日子多，要奔波賺錢，才會賺得多。周圍的人，都是凶悍、愛競爭的人。**有『擎羊、陀羅、火、鈴』同宮時**，環境對你刑剋，你易短命，或遭欺凌、受傷，身體傷殘。一生也易窮困。

『破軍』入遷移宮

『破軍』單星入遷移宮，在外辛勞打拚，能發達。環境中的人常是豪放不拘、品行不佳，或穿著邋遢、粗俗的人。環境也會是複雜、爭鬥多，或是破破爛爛的環境。**有『擎羊、陀羅』同宮**，會破的更凶，會懦弱、無用，也無成就。**有『火、鈴』同宮**，與黑道有關。**有『天空、地劫』同宮**，會入宗教。

『祿存』入遷移宮

『祿存』單星入遷移宮，表示環境保守、小氣、財不多，有衣食而已，會自私，不想改變，也會穩定，自給自足，不想和別人多來往。

『文昌』、『文曲』入遷移宮

『文昌』單星入遷移宮，居廟時，環境文雅，有書卷氣，有氣質。**居陷時**，粗俗，為市井雜亂、低下的環境。

『文曲』單星入遷移宮，居旺時，環境很熱鬧，且有多才多藝、口才好的人相來往，很快樂，人緣好。**居陷時**，很安靜，少人來往。

『左輔』、『右弼』入遷移宮

『左輔』、『右弼』獨坐遷移宮，從小由別人養大，一輩子靠人較多，因此會等別人出手幫忙。環境中必定有人一起幫忙處理事情，自己無法做主，容易靠別人過日子。

『擎羊』、『陀羅』入遷移宮

『擎羊』單星入遷移宮，表示環境中多爭鬥。**居廟時**，你會從政，或做軍警業，能爭贏，你會足智多謀，能掌權。**居陷時**，會懦弱、保守、財少、膽小。

『陀羅』單星入遷移宮，表示環境中是又笨、又粗陋，沒有文化。難看、髒亂、又邪惡、不潔、低下的。**居廟時**，你會從武職做軍警業而主貴，亦能做屠宰業，處理廢棄物而賺到錢。**居陷時**，易為宵小，或墓地工作。

『火星』、『鈴星』入遷移宮

『火星』、『鈴星』單星入遷移宮，居廟、居旺時，表示環境中是突然熱鬧一下，又突然寂靜的。熱鬧不久也會有意外之財和意外之災。**居陷時**，意外之災多，意外之財無，也不熱鬧。你會有古怪聰明，周圍會出現古怪的人。

『天空』、『地劫』入遷移宮

『天空』或『地劫』單星入遷移宮時，表示周圍環境中常寂聊無人，很靜，你也不想找人熱鬧，你會不想外出，或根本看不見環境中有何賺錢的機會。你容易性格清高，或入宗教、哲學境界。

※遷移宮為『空宮』無主星時，表示環境很空茫，請以對宮（命宮）的主星借用過來看遷移宮之環境問題。

8.僕役宮的內容訣竅觀看法

『僕役宮』：表示個人與同事、朋友、平輩相互交往、對待的關係。也可看出是否具有領導力，及使喚傭人的能力。

『紫微』入僕役宮

『紫微』單星入僕役宮獨坐時，表示朋友是高地位水準、且高傲的人，相貌、衣著都體面，而你會具有勢利眼，喜歡攀權附貴，表面上看起來朋友運很好，實際上，朋友用何心態來對待你，你未必瞭解。**有『擎羊』同宮，**朋友是陰險、懦弱、口是心非的人，對你不真誠。**有『火、鈴』同宮，**朋友是驕傲、脾氣不好的人。**有『劫、空』同宮，**朋友是地位高但對你無利的人。

『紫府同宮』時，朋友皆是具有富貴之人，也會對你有實質的幫助。**有『陀羅』同宮**，朋友地位普通，生活小康而已，有的對你好，有的不理你。**有『火、鈴』同宮**，朋友古怪，不一定對你有利。**有『天空、地劫』同宮**，平輩關係時有時無，時好時壞。

『紫相同宮』時，朋友皆是能幹、會做事、會理財之人，也會幫助你擺平很多事，對你有助益。你也會擁有得力的部屬。**有『擎羊』同宮**，朋友及部屬懦弱、沒義氣，只會吃裡扒外，有背叛之部屬。**有『陀羅』同宮**，有笨的朋友和部屬。**有『火、鈴』同宮**，有古怪無益的朋友和部屬。**有『天空、地劫』同宮**，有頭腦空空，幫不上忙的朋友和部屬。

『紫貪同宮』時，你表面人緣好，但朋友和部屬皆不真心，也容易桃花多而無用。**有『擎羊』同宮時**，人緣不佳，有陰險、背叛之朋友和部屬。**有『祿存』同宮**，有謹慎保守之朋友，朋友少，只有一、二個。**有『火、鈴』同宮**，朋友有時和你熱絡來往，有時就不見了。而且朋友大多是脾氣火爆的人。**有『天空、地劫』同宮**，人緣不佳、朋友少。**有『化忌』同宮**，人緣不佳，少朋友來往。

『紫殺同宮』時，朋友是地位高又忙碌的人，對你很客氣、冷淡，你根本沒辦法請他們幫忙，而無助力。**有『陀羅、火、鈴』同宮時**，朋友地位普通，對你更不客氣，關係更淡。**有『天空、地劫』同宮時**，根本沒有朋友，你也很神祕不跟人來往。

『紫破同宮』時，朋友太多是地位高，但言行不一致的人，或外表氣派體面，但品行不佳的人，或表面對你好，但會使你破財的人。你容易上當、吃虧。**有『羊、陀、火、鈴』同宮**，朋友更剋害你，使你損失不少。

『天機』入僕役宮

『天機』單星入僕役宮，居廟時，朋友都是非常聰明、智商高的人，你只喜歡和聰明人來往，但是你常搞不過他們而生悶氣，故朋友間是非多，但仍樂此不疲。**居陷時**，朋友有小聰明，常和你有關係低潮的狀況。也是口舌是非多，無法有得力部屬和助手。**有『羊、陀、火、鈴、劫、空、化忌』同宮時**，皆無法獲得知心朋友，反而易遭反叛、出賣。

『機陰同宮』時，朋友情緒不穩定，時好時壞，他們都是聰明、敏感的人。**在寅宮**，還有偶而體貼的知心朋友出現。**在申宮**，就很難有知心朋友出現了。**有『陀羅、火、鈴、劫、空、化忌』同宮時**，更無法擁有好朋友。

『機梁同宮』時，有不聰明但好出主意的朋友。早年與屬下或朋友不同心，到晚年才能擁有得力之部屬和朋友。年紀大的朋友或女性朋友對你較有利，會幫忙你。**有『擎羊、陀羅、火、鈴、劫、空、化忌』同宮時**，朋友較笨或被屬下或朋友所背叛而遭受損失。

『機巨同宮』時，有非常聰明、口才好的朋友或屬下，但朋友或屬下有對自己有陽奉陰違的現象。**有『擎羊、火、鈴、劫、空、化忌』同宮時**，朋友或屬下更陰險，會弄出更多的是非和騙局出來。

『太陽』入僕役宮

『太陽』單星入僕役宮，居旺時，朋友會性格開朗、豪爽、寬宏，很熱情的對待你，這些朋友也會是事業成功之士。你會獲得得力的朋友和部屬之協助，而且你的朋友中以男性較多。**居陷時**，你的朋友是性格悶、不太講話，不太會表達感情，事業也做不好的人，你也無法獲得他們之協助，他們對你也無用，而且易被嫉妒或出賣。**有『羊、陀、火、鈴、化忌』同宮時**，表示朋友對你不好，會憎恨或出賣你，你不會和他們多來往。

『太陽、太陰』同宮時，在丑宮，女性對你好，和性格悶的男性對你好。**在未宮**，只有男性對你好。你的朋友大多是性格不穩定，情緒起伏大的人。**在丑宮時**，朋友主富，以富人為多。**在未宮**，朋友主貴，以做事業的人為多。**有『羊、陀、火、鈴、化忌』同宮時**，朋友只是普通朋友，都不能信任，你也不想招惹他們。

『陽梁同宮』時，在卯宮，朋友是性格寬宏、有名聲、地位的人，他們也會成為你的貴人，而幫助你成功、有事業。**在酉宮**，朋友與部屬是性格有些懶散、提不起勁的人，他們也無法在事業上幫助你成功。**有『擎羊、火、鈴、劫、空、化忌』同宮時，**朋友本身性格陰險，名聲、地位都不佳，很普通，會對你嫉妒，招惹到他，你也會因背叛而遭受損失。

『陽巨同宮』時，你的朋友和部屬雖多。但朋友間是非多，他們會相互攻擊破壞，相處不融洽，使你也遭魚池之殃。**有『陀羅、火、鈴、劫、空、化忌』同宮時，**朋友們更笨或火爆、古怪，鬧得更凶，你也會遭受損失，而遠離他們。

『武曲』入僕役宮

『武曲』單星入僕役宮，朋友都是性格剛直、講言諾的有錢人或政治、軍警業之人員。你會有得力又忠貞的好朋友。**有『擎羊、陀羅、火、鈴、劫、空、化忌』同宮時，**朋友命窮，或爭鬥多，或易有債務，他們會連累你，或劫你的財。

『武府同宮』時，朋友是有錢而小氣、吝嗇的人。會斟酌情形才幫忙你。**有『擎羊、火、鈴、化忌』同宮時**，朋友的財力不佳，成有錢財問題來和你有糾葛不清的狀況。

『武相同宮』時，朋友是小康能享衣食之樂的人。他們會理財，又喜享受物質生活，也會在錢財上對你資助。朋友運好。**有『陀羅、火、鈴、劫、空、化忌』同宮時**，朋友、屬下不得力，會耗你的財，或彼此有金錢糾紛。

『武貪同宮』時，朋友是性剛強，財運好，但對你不真誠的人。你不能擁有得力部屬或朋友，而且會遭受嫉妒、憎恨而失敗。**有『羊、陀、火、鈴、化忌』同宮時**，狀況更嚴重。

『武殺同宮』時，朋友運不佳，朋友皆是較窮又凶悍的人。『武殺』是『因財被劫』的格式。主遭朋友或屬下背叛、埋怨。**有『擎羊』**

同宮時，有遭朋友殺害之徵兆。**有『火、鈴』同宮，**朋友易與黑道有關，非善類。**有『化忌』同宮，**朋友有欠債問題，會挺而走險。

『武破同宮』時，朋友皆是窮朋友。而且是貪財又未必講義氣之人。易遭背叛或出賣。**有『陀羅』同宮，**有又笨又窮的朋友。**有『火、鈴』同宮，**朋友與黑道有關。**有『化忌』同宮，**朋友有債務糾紛，會和你糾纏不清。**有『天空、地劫』同宮，**根本沒半個朋友，你會孤獨、不和人來往。

『天同』入僕役宮

『天同』單星入僕役宮，朋友運好，朋友是性格溫和，少麻煩的人，也非常好講話，因此你要用到他們，都沒問題。能有眾多得力的部屬和朋友。**有『羊、陀、火、鈴』同宮時，**朋友運不佳，他們是表面溫和，實際有麻煩的人，未能對你有幫助了。

『同陰同宮』時，在子宮，朋友溫和又溫柔、體貼，對你多情義，能幫助你成功。朋友中以女性朋友對你最好。**在午宮**，朋友是溫和較窮之人，且感情冷淡，以女性朋友對你最無助益。**有『擎羊、火、鈴、化忌』同宮時**，女性朋友會陰險出賣你，或和你有感情、債務糾紛。

『同巨同宮』時，朋友是外表溫和但口舌是非多的人。朋友間也會彼此爭吵，或有流言、誹聞不斷，使你很煩惱。你未必喜歡和朋友相處，這些人對你無利，但你仍脫離不了他們。**有『擎羊、陀羅、火、鈴、化忌』同宮時**，朋友的是非口舌更嚴重。會因欺騙蒙蔽而遭損失。

『同梁同宮』時，在寅宮，會有溫和、年紀比你稍長的貴人來幫忙你。**在申宮**，有好玩、好享福的朋友做狐群狗黨。**有『陀羅、火、鈴』同宮**，朋友不真心，或不得力。

『廉貞』入僕役宮

『廉貞』單星入僕役宮，朋友是陰沈、性烈、好爭，做事會慢慢來，脾氣強硬的人。始終與你有競爭關係，因此無法有得力的朋友和部屬，且易遭出賣。**有『陀羅』同宮**，有笨或爛桃花之朋友，你易有不良的男女關係而吃虧上當。**有『火、鈴』同宮**，有狼心狗肺之朋友和部屬。**有『化忌』同宮**，有桃花糾紛或官非和你相糾纏之朋友。

『廉府同宮』時，有許多朋友和部屬。朋友間交際應酬多，來往很熱絡的維持關係。**有『擎羊、陀羅、火、鈴、化忌』同宮時**，應酬少，或關係不好，有邪惡、背叛之朋友，或和朋友有官非訴訟。

『廉相同宮』時，有能幫助你打點料理事務的朋友或部屬，他們很乖卻不太聰明，但還得力。**有『擎羊』同宮**，有懦弱、陰險、無用之朋友或部屬，且會帶災禍給你。**有『火、鈴、化忌』同宮**，朋友間有爭

鬥，且與黑道有關。會帶官非給你。

『廉貪同宮』時，朋友運差，朋友多半是品行不佳之人。嫉妒、憎恨、出賣之事常在上演，你沒幾個月就了換一批朋友。**有『陀羅』同宮時**，有笨的、爛桃花的異性朋友，會和糾纏不清。**有『火、鈴、化忌』同宮時**，和朋友有糾紛，或不來往，無助益反有災。

『廉殺同宮』時，朋友是窮凶極惡之人，又笨、又凶，會有背叛或侵害之事，使你遭災。**再有『羊、陀、火、鈴、劫、空、化忌』同宮時**，易遭朋友殺害。

『廉破同宮』時，朋友是又窮、又沒品行的人，欺矇哄騙，樣樣皆通，你常遭災，但還是記不住。**有『擎羊』同宮**，易遭朋友殺害。**有『火、鈴』同宮**，朋友與黑道有關。**與『化忌』同宮**，朋友和你有官非牽連。**有『天空、地劫』同宮**，朋友少，能有宗教方面的朋友。

『天府』入僕役宮

『天府』單星入僕役宮，朋友都是老實、一板一眼、負責任、人際關係甚佳的人，也會對你有幫助。**有『擎羊、陀羅、火、鈴』同宮時，**朋友和你有刑剋，朋友財少，也會對你不真誠，較陰險，好計較。

『太陰』入僕役宮

『太陰』單星入僕役宮，居廟時，朋友是薪水高的人，以女性為主，會體貼、有情義，會對你有幫助。**居陷時，**與女性不和，朋友冷淡，情份少，無幫助。**有『羊、陀、火、鈴、化忌』同宮時，**朋友運差，會刑你的財或遭欠債的朋友來糾纏。

『貪狼』入僕役宮

『貪狼』單星入僕役宮，無屬下運和朋友運，你對朋友和屬下不瞭解，也不想溝通，態度匆忙、馬虎、潦草，常和朋友及屬下發生爭執，而且易受朋友或屬下連累而遭災。**有『羊、陀』同宮**，朋友運更糟，有背叛之朋友部屬剋害。**有『火星、鈴星』同宮**，有脾氣古怪的朋友或部屬帶來某些好運也帶來惡運。**有『化忌』同宮時**，人緣不佳，少與人來往，沒朋友，或遭人排斥。

『巨門』入僕役宮

『巨門』單星入僕役宮，朋友中多口舌是非、八卦之人，以及心術不正、陰險狡猾之人，多小人。因此朋友運不算好，但你很喜歡和他們胡扯，來挑動他們，因此更惹是非。你會誤以為可找他們幫忙，但花費不貲，也未必有用。**有『羊、陀、火、鈴、化忌』同宮時**，你會落入圈套而被害。

『天相』入僕役宮

『天相』單星入僕役宮，會有很多能幹，會料理事物的人幫忙你做事。你會因朋友或部屬幫助而成功。**有『擎羊』同宮**，為『刑印』格局，你沒領導力，又管不了人。朋友和部屬是懦弱又陰險的人。有陀羅同宮時，朋友和部屬皆笨，幫不了忙。**有『火、鈴』同宮**，朋友和黑道有關。**有『天空、地劫』同宮**，朋友無力，幫不了忙。

『天梁』入僕役宮

『天梁』單星入僕役宮，居廟時、居旺時，有年長、經驗老到的朋友會幫你的忙，朋友和部屬就是你的貴人，會助你成功。居陷時，朋

友、部屬無力，幫不了你的忙。**有『擎羊、陀羅、火、鈴、劫、空』同宮時**，朋友、部屬無用，更可能愈幫愈忙。

『七殺』入僕役宮

『七殺』單星入僕役宮，要小心有強悍的朋友，或有剛強欺主、偷盜家財之部屬或朋友，朋友運不佳。**有『羊、陀、火、鈴、劫、空』同宮時**，要小心有殺害你的朋友或部屬。

『破軍』入僕役宮

『破軍』單星入僕役宮，朋友是五花入門、形形色色的人，你交朋友沒有選擇，三教九流都交，朋友會耗你的財。有錢有利是朋友，無財無利會招怨而成大仇敵。**有『羊、陀、火、鈴』同宮**，易遭殺害或劫財。**有『文昌、文曲』同宮時**，朋友窮，也朋友少。

『祿存』入僕役宮

『祿存』單星入僕役宮，朋友少，人緣不佳，朋友只有一、二人，為保守、小氣、吝嗇，老實的人。**有『煞星』同宮為『祿逢沖破』，**朋友為邪惡、劫財之人或窮人。

『文昌』、『文曲』入僕役宮

『文昌』單星入僕役宮，居廟時，朋友是文化高的人，外表斯文、漂亮的人，也會對你有幫助。**居陷時，**朋友是粗俗不堪、文化水準低、沒禮貌，穿著邋遢的人，也會市儈氣，對你沒義氣。

『文曲』單星入僕役宮，居旺時，朋友口才好、才華多，常熱鬧相聚，人緣好，對你有幫忙。**居陷時，**朋友口才不佳、無才華，很靜，少見面，人緣不佳，對你無助益。

『左輔』、『右弼』入僕役宮

『左輔』單星入僕役宮，平輩的男性對你有助益，是你最好的朋友。

『右弼』單星入僕役宮，平輩的女性對你有助益，是你最好的朋友。

『擎羊』、『陀羅』入僕役宮

『擎羊』單星入僕役宮，朋友是強悍好爭、霸道、不講理，易衝動、愛計較之人。他們會感情用事，記恨心強。你要小心他們由愛生恨，會對你做出傷害性命之事。

『陀羅』單星入僕役宮，朋友是頑固又笨、多是非、不服輸、性格悶，有事不肯說出來，會藏在心底，也會記恨心強，要小心他們會報復，對你做出傷害性命或與你同歸於盡的事來。

『火星』、『鈴星』入僕役宮

『火星』或『鈴星』單星入僕役宮，朋友或部屬皆是脾氣壞、性情急躁之人。做事會潦草、有頭無尾，非常現實、急性子，像一陣風，一下子忙這，一下子忙那，三分鐘熱度，不長久。也容易爆怒，會是非爭鬥多，朋友運不算好。

『鈴星』獨坐居廟入僕役宮的人，會有性格剛烈的忠貞之僕或保家衛主的部屬或朋友。

『天空』、『地劫』入僕役宮

『天空』獨坐僕役宮時，表示朋友少，你對朋友的態度很單純，也無要求，也不太想和人有牽連瓜葛。因此會用超然的心態來和他們結交。不會太黏密，好像沒朋友。

『地劫』獨坐僕役宮時，表示會因一些特殊原因，你會和朋友少來往。你也不想和人有牽連瓜葛，也會用超然心態來看他們，會和他們刻意保持距離、少來往。

※僕役宮為『空宮』無主星時，請以對宮（兄弟宮）之星曜，借用過來看朋友運、部屬運。

9.官祿宮的內容訣竅觀看法

『官祿宮』：表示事業上的成就，與智慧高低、所從事職業屬性，主貴或主富，以及看學生成績好壞，會不會讀書，皆由此宮位定奪。

『紫微』入官祿宮

『紫微』單星入官祿宮獨坐時，能做高階主管或公司負責人、董事長，或政府官員，能位至極品。**有『擎羊』同宮**，事業品級都會次一級，也會工作上遭受打壓，**這是『奴欺主』的格局**，故有困難。**有『祿存』同宮**，會做保守的公務員工作，溫飽而已。**有『火、鈴』同宮**，工作時間不長久。**有『天空、地劫』同宮**，做清官、地位高，不工作。

『紫府同宮』時，事業會出類拔萃、收入高、職位高。**有『陀羅』同宮**，工作普通，有中途蹉跎不前的狀況。**有『火、鈴』同宮**，會斷斷續續。**有『天空、地劫』同宮**，理想高，不實際，與現實尚有距離。

『紫相同宮』時，能做管理階級，主掌大權，或管理財務，收入高、職位高。**有『擎羊』同宮**，為『刑印』格局，會懦弱、掌不了權，事業做不起來。**有『陀羅』同宮**，做軍警武職尚可，做文職，不長久。**有『火、鈴』同宮**，做事不長久，錢財也不豐。

『紫貪同宮』時，做武職較佳，做文職會薪水少、財少。**有『火、鈴』同宮**，武職有意外突起之機會。有『擎羊』同宮，一生機會不佳，做不了什麼事。**有『劫、空』或『化忌』同宮**，事業無法發展。

『紫殺同宮』時，做武職崢嶸。你也適合做耐磨、耐操的工作，不適合做太精細的工作，否則會虎頭蛇尾。**有『陀羅』同宮**，做武職為佳，會頭腦笨、拖拖拉拉。**有『火、鈴』同宮**，工作不長久，有一票、沒一票的做。**有『天空、地劫』同宮**，會做清高的、名聲好的，看起來很忙，實際並不忙的工作。

『紫破同宮』時，工作很忙碌，可為了理想一直打拚，忙碌中安身見貴，事業會有成。有擎羊同宮，是『刑印』格局，會無領導力，事業多起伏。**有『陀羅』同宮**，工作能力差，無法盡責。**有『火、鈴』同**

宮，工作不長久，或與黑道有關。**有『天空、地劫』同宮**，頭腦不實際，會做做停停，打拚不力。

『天機』入官祿宮

『天機』單星入官祿宮，為『機月同梁』格的人，必為薪水族，做文職為佳。**居廟時**，會聰明、多變、多機謀的工作為主，以設計類型或記者奔波的類型，或用腦寫作的類型，以服務人群為主業，都適合此官祿宮為的人。**居陷時**，會做服務業或用大腦少的工作。有『擎羊、火、鈴、化忌』同宮，工作不長久，多起伏，甚至不工作。

『機陰同宮』時，會做薪水族，東奔西跑，變化無窮的工作，仍為薪水族，亦會做舟車勞頓、環境變化快的工作。或與女性多的接觸工作。**在寅宮**，工作上還薪水多，工作愉快。**在申宮**，薪水少，工作不愉快，常換工作。**有『陀羅、火、鈴、化忌、劫、空』同宮**，工作起伏大，易做做停停，或無工作。

『機巨同宮』時，為薪水族，用口才賺錢，可做教師或保險經紀等。有『陽梁昌祿』格的人有高學歷，亦可做大學教授或高科技公司上班。事業形態是變化多與競爭的形態。**有『擎羊、火、鈴、化忌』同宮時**，則工作不長久，成就也不佳。酉宮的成就也較差。

『機梁同宮』時，為薪水族，做文職、做名聲響亮，及別人介紹的工作會做得好。在工作上有貴人扶持，會是用腦不多、努力有成的工作，多半是事務型的工作，**在辰宮**，薪水多。**在戌宮**，薪水略少。**有『羊、陀、火、鈴、劫、空、化忌』同宮時**，工作不順利，或懶惰，做不久，做做停停。

『太陽』入官祿宮

『太陽』單星入官祿宮，居旺時，工作成就大，事業如日中天。

也能得大財利、富貴皆有。適合做公務員，或獨力掌管之事業，能掌大權。**居陷時**，事業運不佳，較晦暗，成就不佳，也未能得到大財利，以做薪水族為佳，工作會做做停停，中途中斷。**有『羊、陀、火、鈴、劫、空』同宮時**，工作會中途中斷，且成就不佳。

『陽梁同宮』時，能做公務員或政府官員。工作上具有名聲響亮或遠播受人景仰。工作也易是長輩或貴人介紹的，未來發展大，能步步高升。在卯宮時，文武職能佔上高位。在酉宮，職位平常。**有『擎羊、火、鈴、劫、空、化忌』同宮時**，工作不順、職位低，或做不長久，或不工作，或默默無聞。

『陽巨同宮』時，為薪水族，會做與人際關係有關，用口才、競爭激烈，或用是非做案件，以協調、平復為工作內容的工作，如服務業、律師仲介業、幼教班老師等行業。**在寅宮**，工作機會好，成就高、賺錢多。**在申宮，**工作不長久，會斷斷續續，較懶惰。**有『陀羅、火、鈴、劫、空、化忌』同宮時，**工作能力不佳，賺錢少，或做不久。

『日月同宮』時，為薪水族，會日夜操勞忙碌，不得閒。**在丑宮，**薪水會多，但事業起伏大，會斷斷續續。**在未宮，**工作名聲好，薪水少，較清高。**有『羊、陀、火、鈴、劫、空、化忌』同宮時，**皆工作不順，職位低，會做做停停、不長久。

『武曲』入官祿宮

『武曲』單星入官祿宮，表示可為生意人，或與軍警、政治有關的工作。一生能暴發財富、工作賺錢多，財官雙美。**有『化權』同宮，**能掌大權或財權。**有『化祿』同宮，**能掌財權發大財，擅交際。**有『化科』同宮，**善理財。**有『化忌』同宮，**易欠債，財不順，會窮。**有**

『羊、陀、火、鈴、劫、空』同宮時，都是『刑財』格局，會賺錢辛苦，勞心勞力、巧藝維生。

『武府同宮』時，工作型態以軍警職、或公家機關，或大財團、或與政治、金融有關的行業。工作上薪水高，或能賺大錢。**在子宮**，較職位高、財多。**在午宮**，易儲蓄較多。**有『擎羊、火、鈴、劫、空、化忌』同宮時**，職位平常，且不聚財，事業起伏多端，易轉業或做不長。

『武相同宮』時，工作為保守得財，會理財，能賺一定的財富，夠衣食享福，生活舒適的錢財，一生也錢財順利，易管錢，或做與金融相關行業，也會做衣食有關之行業。未必能大富，但一生生活富足。**有『陀羅、火、鈴、劫、空、化忌』同宮時**，工作不順，賺錢少，也常無工作。

『武貪同宮』時，工作上機會多，賺錢容易，會有暴發運，可得

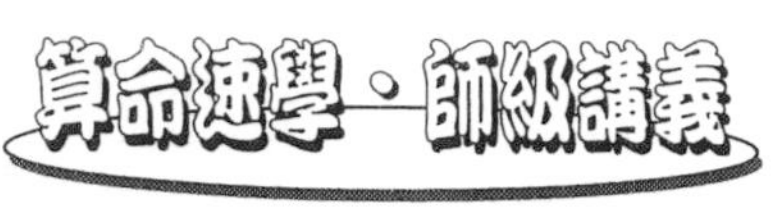

大錢財。但也要小心會因貪污而失敗。做軍警業、政治界能有暴發機會，文職成就較小。**有『擎羊、陀羅』同宮，**巧藝維生，賺錢不多。**有『火、鈴』同宮，**有雙暴發運，但也工作時間短暫。**有『劫、空、化忌』同宮時，**無暴發運，工作也不順，賺不到很多錢。

『武殺同宮』時，工作辛苦，賺錢少，會愈做愈辛苦，本身頭腦笨，亦會頑固、學習能力不強，會做用腦不多的工作，以軍警職為佳，有固定薪水可溫飽。做文職會辛苦又賺錢少。**有『擎羊』同宮，**工作競爭激烈，會中途無工作，或因受傷而無法工作，也賺不到錢。**有『火、鈴』同宮，**會與黑道有關之工作。**有『劫、空、化忌』同宮，**賺錢少，又有錢財糾紛，工作不長久。

『武破同宮』時，工作辛苦，賺錢少，會較窮。做軍警職、武職為佳，做文職較辛苦，賺錢少。本身不聰明，智慧不高，也會做與智慧無關，用體力較多的工作。**有『陀羅、火、鈴、劫、空、化忌』同宮時，**更辛苦，或不工作，亦可能靠別人過日子。

『天同』入官祿宮

『天同』單星入官祿宮，是『機月同梁』格，薪水族的人，工作平順，一直有工作做，很穩定，有按步就班升遷管道，生活亦能穩定。能做教書職務，大企業集團上班，學術或研究機構，政府公職人員等工作。**居廟時，**薪水多，更穩定。**居平時，**會勞碌奔波，稍有變化。有『擎羊、陀羅、火、鈴、劫、空』同宮時，工作遭變、不平順，易失業，或沒有工作能力。

『同陰同宮』時，是賺薪水族的錢，喜歡穩定、少煩的工作。**在子宮，**能賺錢多，工作場所女性多，職位高，能忙中偷閒來工作。**在午**

宮，賺錢少，是忙碌、職位低的工作，工作不長久，有做做停停的現象。**有『擎羊、陀羅、火、鈴、劫、空、化忌』同宮時**，都工作做不久，或不工作，易為無用之人。

『同巨同宮』時，工作能力低，但有機會，有貴人提拔，也能竄到高位，但不長久。一生多靠長輩，或貴人相助而有工作，會做做停停。**有『羊、陀、火、鈴、化忌』同宮時**，工作不順，做不久，或因傷退休。

『同梁同宮』時，**在寅宮**，有貴人介紹工作，能做名聲好、穩定又忙碌的工作，生活較無慮。**在申宮**，會愛玩，會做與遊玩、小孩有關的工作，工作須自己找，或不工作，懶惰休閒，會工作多變、不穩定，賺錢少，較窮。**有『陀羅、火、鈴、劫、空、化忌』同宮時**，工作不順利，賺錢少，或因笨而失業。

『廉貞』入官祿宮

『廉貞』單星入官祿宮，任武職能居高位，但不耐久。做文職較普通，能做事務性官吏，或機構課長型職位，亦能自己做老闆。工作型態，是需營謀、暗中設計、規劃、執行一路來的工作。**有『陀羅、火、鈴、劫、空、化忌』同宮會較笨，**工作能力不佳。有官非、血光開刀、傷災。**有『火、鈴』同宮，**思想怪異，工作做不長久。

『廉府同宮』時，工作型態是保守的、小型的，富裕的賺錢形態，會與人際關係、交際手腕有關。也會做些用腦不多，但利益交換的工作。**有『羊、陀、火、鈴、化忌』同宮時，**工作不長久，賺錢也少，會因人緣關係不佳而失業。

『廉相同宮』時，會做用腦不多，但很會打理事務、保守、細心、財務平順，或會理財，做帳來賺錢，或做與衣食有關的工作，會有一套固定進帳的模式。其人也很會存錢，但不太會投資，害怕被騙失財。**在子宮財運好**，能賺豐富夠衣食享受之錢財。**在午宮略少**。**有『擎羊』同宮**，為『刑囚夾印』格局，會被騙工作、被欺負，沒工作能力，或不工作。**有『火、鈴、劫、空、化忌』同宮**，多惹是非、麻煩，工作做不久，易失業。

『廉貪同宮』時，工作職位低或薪水低，或沒有職稱的工作，例如助理、秘書之類的工作，以武職為佳，可升高位。文職會辛苦勞碌，錢財不多。**有『陀羅』同宮**，是『風流彩杖』格，易與風化、色情有關的工作，或靠人吃飯，不工作。**有『火、鈴』同宮**，有意外突發成名之機會，但不耐久、暴起暴落。**有『劫、空』同宮**，不工作，靠人生活。

『廉殺同宮』時，做武職能升高位，文職平常。工作形態是忙碌打拚、用勞力較多，用腦較少的工作。**有『羊、陀』同宮**，會因受傷而失去工作。**有『火、鈴』同宮**，與黑道有關。**有『劫、空』空宮**，工作斷斷續續，不長久。

『廉破同宮』時，會做複雜、爭鬥多，或破破爛爛的工作，或收拾殘局的工作。宜軍警武職能突起、升高官。做間諜、救難隊也適合。做文職不利，薪水少。**有『擎羊』同宮**，較窮，不一定有工作，或做與血光、傷殘、死亡有關之工作，例如喪葬業。**有『火、鈴』同宮**，易與黑道有關。**與『劫、空、化忌』同宮**，易不工作，有是非糾紛而失業。

『天府』入官祿宮

『天府』單星入官祿宮，工作保守，有一定的錢賺，會做上班族、薪水族，收入豐富，夠衣食，尚有留存可積蓄，故一生平順，生活穩定。**有『羊、陀、火、鈴、劫、空』同宮時，**工作不穩定，賺錢少，會做做停停，職位也低。

『太陰』入官祿宮

『太陰』單星入官祿宮，居廟時，薪水多，能做公家機關或銀行、金融機構高級主管，且有豐厚積蓄。工作場所女性多。**居平、居平陷時，**薪水少，只是小公務員的薪資，職位低，也會斷斷續續、做做停停。**有『羊、陀、火、鈴、劫、空、化忌』同宮時，**工作不順利，賺錢少，也會到窮機關工作。

『貪狼』入官祿宮

『貪狼』單星入官祿宮，居廟、居旺時，表示事業上機會多、運氣好，又貪心愛做。因此好運特多。**居平時**，只有一般的好運和貪心。做文職有暴發運大富大貴。做文職，發的慢。會做奔波、離家遠的打拚工作。愈奔波愈有利、不宜靜守，會運不開。**有『羊、陀』同宮**，事業運不佳，會巧藝維生，較辛苦。**有『火、鈴』同宮**，會有暴發運、偏財運，平常不工作，只靠爆發偏財運維生，易暴起暴落。**有『天空、地劫、化忌』同宮**，機會好運成空，或扭曲、複雜、安靜，無法有工作。

『巨門』入官祿宮

『巨門』單星入官祿宮，表示可用口才、是非、爭鬥、競爭、挑剔、猜疑、不滿現狀等特質來運用在事業及工作上。所以可從事的工作非常廣，從教學、研究、研發，到律師、訴訟、調解、協調、公關、保險經紀、監獄工作人員，包羅萬象。**居廟、居旺時**，表示其人應變的能

力好，頭腦聰明，未來前途無量。**居陷時**，表示其人應變能力差，頭腦較遲緩，會引起紛爭。**有『羊、陀、火、鈴、劫、空、化忌』同宮時**，表示應變能力差，會走到別的科目上去了。

『天相』入官祿宮

『天相』單星入官祿宮，全部都是『天府』單星坐命的人，會有如此的官祿宮。表示工作穩定，會按步就班、會小心準備，工作內容會和衣著、吃食、享受有關。也會和理財、料理事物有關，故生活穩定，沒有太多的變化，也能存錢，使生活豐裕了。**有『擎羊』同宮**，是『刑印』格局，會掌不了權，管不了事。工作也無成就，薪水也易拿不到。**有『陀羅、火、鈴』同宮時**，工作笨或虎頭蛇尾，工作不長久。**有『天空、地劫』同宮時**，思想不實際，好高騖遠，會工作不長久或不工作。

『天梁』入官祿宮

『天梁』單星入官祿宮，居廟、居旺時，表示有貴人介紹工作。也表示工作是以名聲響亮為主。會和知識、文化素養有關連，頗具競爭力，而且升職快，因此以文職為佳，以武職較差。**居陷時，**仍會有熟人介紹工作，但你不一定會接受。熟人介紹的工作也不一定是好的。你在工作上的態度，是不喜歡競爭，而喜歡東奔西跑的，因此未必有上司注意到你的工作能力，讓你升級。你也不易做老闆，因為在心態上你就不太想負大責任。

有『羊、陀、火、鈴、劫、空』同宮時，是『刑蔭』格局，會無貴人相助，也無法成名，更無升遷機會，工作也做不長，無事業成就。

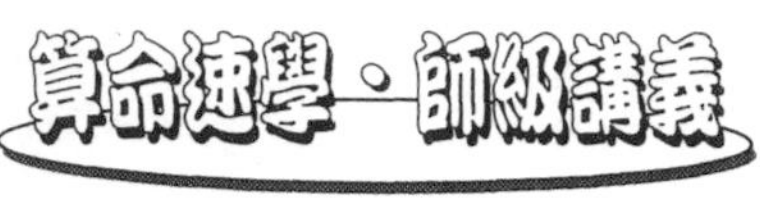

『七殺』入官祿宮

『七殺』單星入官祿宮，是『貪狼』單星坐命者有此官祿宮，表示在工作上很打拚，能掌大權，武職崢嶸、文職不吉，地位會不高。工作內容以奔波、勞碌、驛馬強的工作為主、好動而不耐靜，能吃苦耐勞、堅忍不拔，因此做軍警、記者、生意人、貿易、創業家最好。**有『羊、陀、火、鈴、劫、空』同宮時，**有傷剋，易受傷而亡，或車禍，工作上不安全、不安穩，易工作不長久。

『破軍』入官祿宮

『破軍』單星入官祿宮，是『七殺』單星坐命的人有此官祿宮。表示其人在工作很打拚，也肯投資和犧牲，會放棄一切享受來達成事業目標。『**破軍**』**居廟**，表示打拚能力強、活動多、變化大、開疆拓土很厲害。**居得地之位時**，表示打拚的力量不算很強，所得的財祿也不是最多的。有此官祿宮時，適合做軍警武職，或波動大、變動大、移動性快，向外開拓業務的工作。**有『擎羊』同宮是『刑印』格局**，會懦弱無用，無成就。**有『陀羅』同宮**，工作上又會破耗、不聚財。**有『火、鈴』同宮**，與黑道有關。**有『天空、地劫』同宮**，破耗大或因頭腦不實際，會破耗成空或根本不打拚。**有『文昌、文曲』同宮或相照時**，工作愈做愈窮。

『祿存』入官祿宮

『祿存』單星入官祿宮，表示其官祿宮屬空宮形式。『**祿存**』**獨坐時**，表示工作是保守、內斂、不太能開發或不太能向外發展的。你適合做個人工作室，或獨自工作，能賺保守的、可溫飽的、能稍為儲蓄的錢財。衣食無慮。**有『火、鈴、劫、空、化忌』同宮時**，為『祿逢沖破』，工作辛勞而賺不到太多錢，或無法存留儲蓄。

『文昌』、『文曲』入官祿宮

『文昌』獨坐官祿宮，居廟時，精明幹練，計算能力好，賺錢中等，工作有發展，以文職為佳。適合做會計師、文化出版、教育界、司法界工作。武職也會坐辦公室。居陷時，不精明、計算能力不佳，工作職位低，為粗重不雅的工作，如清潔、打拚、環保回收，做武職佳，賺錢少。**有『擎羊、陀羅、火、鈴』同宮時**，會頭腦不清，做粗活，賺錢不多。

『文曲』獨坐官祿宮，居廟時，才藝佳，口才佳，有人緣，精明

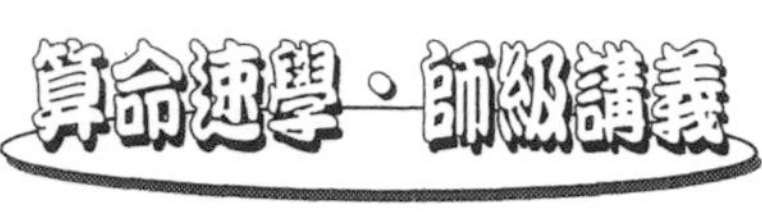

幹練，會做有韻律感的工作。工作時也會熱鬧人多、快樂無比。可做戲劇類、演藝工作、音樂、舞蹈、播音、記者、新聞媒體、傳播、體育類、公關、教學等工作。居陷時，口才不佳、人緣不好，工作場所很靜、少人活動。會做圖書館管理員，或醫院物料管理工作。**有『羊、陀、火、鈴』同宮時**，頭腦不清，做粗活，賺錢不多，或不工作。

『文昌、文曲』並坐官祿宮時，是享福的格局，也是桃花格局，容易靠人吃飯不工作，也容易因戀愛或感情關係而幫情人工作。

『左輔』、『右弼』入官祿宮

『左輔』獨坐官祿宮，表示有平輩男性在事業上給你輔助幫忙。你也不一定會做自己的事業，亦可能是做別人的事業，而領薪水。那個在事業上給你輔助幫忙的男性，是會給你工作機會的人。

算命速學、師級講義

『右弼』獨坐官祿宮，表示有平輩女性會在事業上給你輔弼幫助，你也不一定會做自己的事業，亦可能是做別人的事業而領薪水，而由給你輔弼幫助的平輩女性，是會給你工作機會的人。

『左輔、右弼』並坐官祿宮時，表示是桃花格局，你很可能靠異性或愛情關係，不工作，靠人吃飯過日子。

※『左輔、右弼』是助力，助力太多時，人會懦弱無用，靠人吃飯過日子，由別人給錢花。

『擎羊』、『陀羅』入官祿宮

『擎羊』獨坐官祿宮，居廟時，會坐爭鬥激烈的工作，是『化煞為權』，好掌權、性格強悍、刑剋重、殺人不眨眼、作風強硬，但不利婚姻。可做軍警武職將官，指揮作戰。也可做法官，決人生死、掌刑符。更可做執行犯人槍決之人，或做外科醫生、獸醫，可開刀動手術，與血光、死亡有關的工作。**居陷時，**會懦弱、沒工作能力。**但在午宮，**『擎羊』居陷獨坐除外，**為『馬頭帶箭』格，**可做威鎮邊疆沙場的將軍。因其環境富裕，因此可成功。其人物性格陰險毒辣，但有時會委屈求全，能暫時忍耐，以求勝利。此事業宮亦可巧藝維生，做精細手工的工作，有錢賺。

『陀羅』獨坐官祿宮，居廟時，做武職較好，軍警業安身立命，也會有機會立功績。此官祿宮為是非爭鬥多，可強硬、頑固、耐操、耐磨，以堅硬意志，也能熬出功績出來，亦能做屠宰業、喪葬業，能賺錢多，只是工作上愛拖，一拖就無錢可賺了。**居陷時，**太愚笨或太低賤，會做處理廢棄物或做墓地工作，或根本不工作。

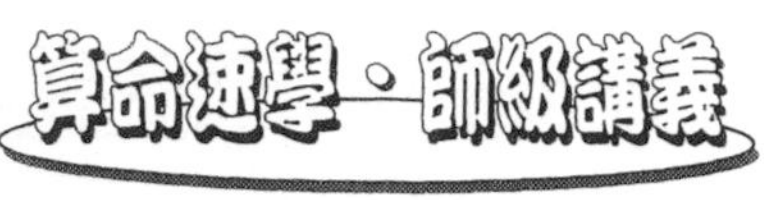

『火星』、『鈴星』入官祿宮

『火星』、『鈴星』獨坐官祿宮，要看對宮（夫妻宮）有那些星，全相互受影響。**有『貪狼』相照時**，為『火貪格』、『鈴貪格』，會爆發錢財或事業，能得大富貴。**有『擎羊』相照或同宮時**，會頭腦不清，易傷殘或惡死。**『火、鈴』獨坐官祿宮**，其人會性急、工作草率、馬虎、不精細，會做奔波不停的工作。居廟時，工作會突然熱鬧，做一下，不熱鬧時就沒工作。居陷時，根本沒工作。

『天空』、『地劫』入官祿宮

『天空』單星獨坐官祿宮時，表示你內心天真、清純、想的很美好，理想高，但不一定有機會表現。會總是做到不合意的工作，工作不長久。

『地劫』單星獨坐官祿宮時，表示你常因自己古怪聰明，或聽旁人突然說話，而對自己的工作有另外的想法。這也可能是另類想法。故你會因思想不實際、常變換工作，工作不長久，或不工作。

『天空、地劫』在巳、亥宮並坐官祿宮時，你會不工作，可能會投身宗教中，做宗教的工作，會不做賺錢方面的工作。你會思想清高，會不顧現實環境的問題而放棄工作。或有精神疾病而不工作。

※官祿宮為『空宮』無主星時，可以對宮（夫妻宮）的星曜來看事業運。

10. 田宅宮的內容訣竅觀看法

『田宅宮』：為每個人之財庫，可顯示房地產是否可存留累積，是否有祖產可繼承。個人財富是否存得住。家人是否辛福安康，其人的居住環境品質，也可看女人子宮是否健康。

『紫微』入田宅宮

『紫微』單星入田宅宮獨坐時，表示有祖上留下龐大家產。其人會有高級精華地段、精緻華麗的大廈為產業或住宅。其人的家人也會愛面子而相互尊重，一團和氣，**有『羊、火、鈴、劫、空』同宮時，**只是表面富裕，容易很快消耗掉。

『紫府同宮』時，房地產眾多，財庫豐滿，且是美麗、又價值高、增值快的房地產。亦能繼承祖上之產業。家庭富足和樂。**有『陀羅、火、鈴、劫、空』同宮時**，房地產有消耗進出，會減少，也沒那麼富裕了。家人相處有磨擦不和。

『紫相同宮』時，能繼承祖產，也能自己購買房地產，很會理財存錢，能愈存愈多。會住高尚、享受好的住宅。**有『擎羊』同宮或相照時**，房地產留不住，也會住雜亂或租賃的房子。**有『陀羅』同宮**，房地產有進出，住宅房子普通、不美麗。**有『火星、鈴星』同宮**，房地產留不住，會住古怪的房子，或家中有古怪的人。

『紫貪同宮』時，會住漂亮或裝潢美麗的房子，但房子並不見得屬於你的。你也會表面上有祖產，或父母說要留給你房地產，實際上你並不見得拿得到。你仍與房地產無緣。**有『擎羊』同宮**，會住三叉路口有尖頂的房子。**有『火、鈴』同宮**，會住怪異尖頂房子，也會搬家換房子迅速。**有『劫、空』同宮**，會住空曠處的住宅。

『紫殺同宮』時，努力打拚，能買一棟普通的房地產。家中人常爭執，彼此很冷淡。也會享受花了很多錢，財庫不豐，也留存不住。**有『陀羅、火、鈴』同宮**，會房地產留不住，也易無房地產。**有『天空、地劫』同宮**，根本無房地產，家中也常無人在家。

『紫破同宮』時，會賣掉祖產後再自置，房地產進進出出，不能多得。財庫不牢，留存不住。家人愛爭吵，或有離婚分居現象。**有『羊、陀、火、鈴、劫、空』同宮時**，無房地產，家中也不美麗。

『天機』入田宅宮

『天機』單星入田宅宮，居旺時，家中多變動，會失去房地產再購置。家人聰明、是非多。**居陷時**，財庫動盪不安，你也常搬家、房地產留不住，易家宅不寧。**有『羊、陀、火、鈴、劫、空、化忌』同宮時**，房產都留不住。也家宅不寧。

『機陰同宮』時，在寅宮，會失去房地產，再購置，能積蓄又多買幾棟。家人是聰明，感情好，但脾氣多變化的人。**在申宮**，房地產少，也易租屋居住，家人冷淡、情緒多變。**有『陀羅、火、鈴、劫、空、化忌』同宮時**，無房地產，也留不住。

『機梁同宮』時，有父母留給你房地產，但價值不高。你會自置一些，也會有進出。你的家中有長輩照顧，不會特別有錢。**有『羊、陀、火、鈴、劫、空、化忌』同宮時**，房地產留不住，變化大，家中也無多餘錢財。

『機巨同宮』時，在卯宮，有時產可繼承。自己也能增多房地產，但仍有進出變化。**在酉宮**，家產少，會變賣，家中爭執多，家人都是聰明、口才好的人，吵起來更犀利，家宅不寧。**有『擎羊、火、鈴、劫、空、化忌』同宮時**，易無房地產，且家中爭鬥凶，家窮。

『太陽』入田宅宮

『太陽』單星入田宅宮，居旺時，有很多祖產能繼承，並能愈聚愈多。**居陷時**，起初擁有不少家產，但會愈來愈少，晚年最終會至無。有『羊、陀、火、鈴、劫、空、化忌』同宮時，與祖產也無緣，根本留不住房地產。

『陽梁同宮』時，在卯宮，父母留龐大家產給你，你也能愈置愈多。家中有長輩照顧，家人是重名聲的。**在酉宮**，家產少，也自置少，房地產不多。家中也無長輩照料。**有『擎羊、火、鈴、劫、空、化忌』**

同宮時，無家產，或賣掉殆盡，或家中是非多，讓你無法忍受而不繼承。

『太陽、太陰』同宮時，**在丑宮**，能買一、二棟房地產，但有進退。**在未宮**，會有一棟價值不高的祖產。二者的財庫和房地產都未必留得住。家人都是脾氣陰晴不定的人。**有『羊、陀、火、鈴、劫、空、化忌』同宮時**，無房地產，且家人相處惡劣，不太搭理。

『陽巨同宮』時，**在寅宮**，房地產多，有祖產可繼承，且愈置愈多。**在申宮**，略有祖產可繼承，但會變少。或無祖產能自置較多。家人是性格開朗但是非多、口舌爭執多的人。**有『陀羅、火、鈴、劫、空、化忌』同宮時**，無房地產，家中爭鬥凶、家窮。

『武曲』入田宅宮

『武曲』單星入田宅宮，能得祖先大產業，且房地產皆價值高。家人是性剛直、現實的人。**有『羊、陀、火、鈴、劫、空、化忌』同宮時，**祖產少無或，亦可能要繼承債務。

『武府同宮』時，房地產多、主富。財庫豐滿，房地產是值錢的產業。你的家人是精明、計較、算錢精確，有點市儈的人。**有『擎羊、火、鈴、劫、空、化忌』同宮時，**房地產少或無，家中也會有債務或沒錢。

『武相同宮』時，會有幾棟房地產，能收房租，讓你生活舒適。你的家人是溫和、愛享受物質生活的人。**有『陀羅、火、鈴、化忌』同宮時，**房地產少或無，也易進出不留。或家中有債務較窮。

『武貪同宮』時，會大起大落財產不穩定，要到晚年會有房地產，亦可能與房地產無緣。你家中的人，會性剛強，彼此少溝通。**有『羊、陀、火、鈴』同宮時**，房地產古怪會忽然減少或增加，但也留不住。有化忌、劫、空同宮時，家中窮，易有債務。

『武殺同宮』時，是『因財被劫』，主對房地產不關心，與房地產緣份低，家中較窮，家人易有爭執、不平靜，家宅不寧。**有『擎羊』同宮**，家中吵架、打架無寧日，也家無恆產。**有『火、鈴、劫、空、化忌』同宮時**，家中爭鬥凶，也窮得快。

『武破同宮』時，是『因財被劫』，家中窮，又會破蕩產業，即使有房地產，也不能久留。家人爭執多、不和，且是窮命，會愈吵愈窮。**有『陀羅、火、鈴、劫、空、化忌』同宮時**，無房地產，且會有債務。

『天同』入田宅宮

『天同』單星入田宅宮，居廟時，先少後多，白手起家，會慢慢增加。**居平時**，房地產不多，但也能有一、二棟。會有進出。家人是溫和、怕麻煩的人，也喜歡享福過輕鬆逍遙的日子。**有『羊、陀、火、鈴、劫、空、化忌』同宮時**，房地產無或留不住，家人不和，或家中有傷殘之人。家中不富裕，較窮。

『同陰同宮』時，在子宮，房地產多、生活富足，家人溫和、親密、感情深。**在午宮**，無房地產，或辛苦勞碌得一戶，但易進出、留不住。家人溫和、冷淡。**有『擎羊、火、鈴、劫、空、化忌』同宮時**，無房地產，較窮。

『同巨同宮』時，無房地產，或放在別人名下。即使有，亦多糾紛而失去。你的家人是外表溫和，但嚕嗦、口舌是非多的人。**有『擎羊、陀羅、火、鈴、劫、空、化忌』同宮時**，家人多是非爭執、不合，也家窮。

『同梁同宮』時，在寅宮，父母會留房地產給你，自己打拚買不起。**在申宮，**會自己買房地產，白手起家，父母沒給。家人是溫和，又愛管事的人。**有『陀羅、火、鈴、劫、空』同宮時，**房地產留不住，家人也不合。

『廉貞』入田宅宮

『廉貞』單星入田宅宮，祖先產業早被變賣殆盡，與房地產無緣。須自己打拚、白手起家。家人易是陰沈、不開朗之人。**有『陀羅』同宮，**家人較笨，且有笨桃花，招麻煩。**有『火、鈴』同宮，**家人古怪，家中住宅也會住有古怪火紅色之房子。**有『劫、空、化忌』同宮時**，家窮，或房子遭法院拍賣。

『廉府同宮』時，父母有現成的房地產給你，但是小康形式，不算值錢的房屋，你只要守住房地產，再慢慢努力增加，就能成為小富了。你的家人是性格保守，有些小家子氣，會過小康生活的人。**有『羊、陀、火、鈴、劫、空、化忌』同宮時**，家窮，無房地產，或有債務，或房子遭法院拍賣。

『廉相同宮』時，年青時無房地產，中年或老年時才有。會白手起家，辛勤存錢、理財才會有。家人是溫和、聽話、順從，但不算聰明的人。**有『擎羊、陀羅、火、鈴、劫、空、化忌』同宮時**，終身無法有房地產。

『廉貪同宮』時，與房地產無緣，根本無房地產。你會家窮、家無餘糧。你的家人中會有品行不佳的人，易受牽累。有陀羅同宮，無恆產，家中有情色醜事會發生。**有『化忌、天空、地劫』同宮時**，家窮，或有官非糾紛，不平靜。**有『火、鈴』同宮**，有意外之財，也會有意外之災，仍無法保留房地產。

『廉殺同宮』時，祖產會為你帶來惡運，使你對房地產沒興趣。辛苦打拚自置，老年時可留得住。家人是性格凶悍強勢、好爭，彼此少情義的人。**有『羊、陀、火、鈴、劫、空、化忌』同宮時**，無房地產，也較窮。家人更不和睦。

『廉破同宮』時，財庫沖破，毫無房地產，家中易窮，不富裕，即使有錢有房地產也留不住。家庭也會破碎不全，家人各分東西，零落各處。**有『擎羊、火、鈴、劫、空、化忌』同宮時**，更窮，家人不全，生離死別。女子若有此田宅宮，子宮會有問題，或遭割除。

『天府』入田宅宮

『天府』單星入田宅宮，房地產多，且是能增值、可儲錢財、使價值增高的房地產。你的家人也會是小心謹慎、懂得節儉存錢、相處合諧的人。**有『羊、陀、火、鈴、劫、空』同宮時，**房地產不多，也會賣掉，或家中不富裕，較窮，彼此冷淡不和的人。

『太陰』入田宅宮

『太陰』單星入田宅宮，居廟時，房地產多，且能靠房租收入來生財。家人是相互溫和、體貼、多情義之人。居陷時，家窮、房地產少或無。家人是相互冷淡、自私的人。**有『羊、陀、火、鈴、劫、空、化忌』同宮時，**無房地產，且較窮，家人不和。

『貪狼』入田宅宮

『貪狼』單星入田宅宮，對不動產的緣份低，即使有祖產也會退去，也無興趣自置。**有『羊、陀、火、鈴、劫、空、化忌』同宮時**，亦無房地產，會暴起暴落而成空。家人是相互難溝通，相互不瞭解的人。

『巨門』入田宅宮

『巨門』單星入田宅宮，居旺時，房地產多、財庫豐滿。家人是多計較、口舌是非多的人。**居陷時**，只有一樣，家人仍多糾紛。**有『羊、陀、火、鈴、劫、空、化忌』同宮時**，無房地產，或因是非太多而吵空了。

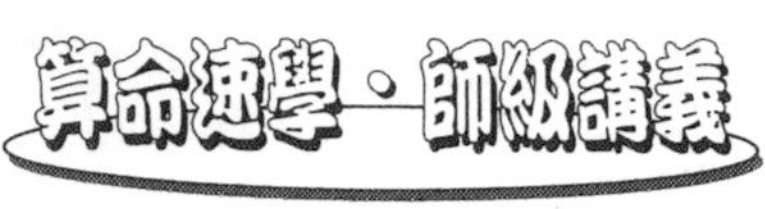

『天相』入田宅宮

『天相』單星入田宅宮，居旺時，能繼承祖上之產業，房地產多，很會打理、愈來愈多，家人是溫和能幹，互相幫助的人。**居陷時，**無房地產，或有一殘破之房屋，較窮，家人不合諧，多紛爭。**有『羊、陀、火、鈴、劫、空』同宮時，**更無房地產。

『天梁』入田宅宮

『天梁』單星入田宅宮，有長輩、祖上或政府、國家所給之房地產。**居廟時，**愈來愈多，家中有長輩照顧，生活愜意，家人也是著重名聲的人，家中必有出名者。**居陷時，**無法得到長輩所賜的房地產。且也難購置，即使買了一棟，也易賣掉。**有『羊、陀、火、鈴、劫、空』同宮時，為『刑蔭』格局，**也會沒有房地產，留不住。

『七殺』入田宅宮

『七殺』單星入田宅宮，居廟時，可繼承不動產，也可努力打理自置房子。你的家人是忙碌、少見面、少聯絡的人。**有『羊、陀、火、鈴』同宮時**，無房地產，家人不和，會窮。

『破軍』入田宅宮

『破軍』單星入田宅宮，家中即使有房地產，也是舊的、破敗之房屋，需要整修。在子、午宮，還能多有幾棟舊房子。在寅、申宮，房子少，會較窮。家人是性爽朗不羈的人，彼此不合，想法不一樣。**有『擎羊、陀羅、火、鈴、劫、空』同宮時**，家庭破敗、分散，無房地產，較窮。**有『文昌、文曲』同宮，**家窮，無恆產。

『祿存』入田宅宮

『祿存』單星入田宅宮，有一棟房子，是孤獨、不大、裝潢簡單，看起來並不豪華的房子。**有『火、鈴』同宮，**仍不富裕，無房地產，也容易賣掉成空。家人是保守、小氣、吝嗇的人。

『文昌』、『文曲』入田宅宮

『文昌』單星入田宅宮，居廟時，有漂亮裝潢的房地產。家人精明、文化水準高、和樂相處。**居陷時，**無房地產，或有較粗陋的房子，家人也無文化、不和。

『文曲』單星入田宅宮，居廟時，房地產多，家中很熱鬧。家運正旺。**居陷時，**房地產少或無，家中很冷清。

『左輔』、『右弼』入田宅宮

『左輔』、『右弼』獨坐田宅宮，有人會資助幫忙你買房地產，但家中也會出現第三者或多餘的人，家人並不團結，外人也可能愈幫愈忙。

『擎羊』、『陀羅』入田宅宮

『擎羊』獨坐田宅宮，**居廟時**，會有一棟讓你頭痛的房地產，也會是樣貌不美、有破漏、或有尖銳裝飾的房子。你的家人也會強悍凶惡的對你。**居陷時**，無房地產，會住在租房中，且住在三叉路口，較險惡的地方。也較貧窮，家人是懦弱陰險之人。

『陀羅』獨坐田宅宮，**居廟時**，會有一棟破舊尚需修理才能住的房子。而且易靠近墓地。**居陷時，**無房地產，較窮，易住於亂石多、殘破，靠近墓地的地方。家人是笨又頑固、較窮的人。

『火星』、『鈴星』入田宅宮

『火星』、『鈴星』獨坐田宅宮，會突然買進或賣出房地產，留不住。家中常突然出現奇怪的人。家人不和睦、脾氣壞。

『天空』、『地劫』入田宅宮

『天空』、『地劫』獨坐田宅宮，房地產留不住，家中常無人在家，或易用他人名義買房地產。財庫中常無錢，家中常窮困。

※田宅宮為『空宮』無主星時，請以對宮（子女宮）的星曜代替，來看財庫與房地產的問題。

11. 福德宮的內容訣竅觀看法

『**福德宮**』：是看一生的福氣好壞，及可享受財富的多寡，可看相貌、性格、壽命長短、精神狀態等狀況。

『紫微』入福德宮

『紫微』單星入福德宮獨坐時，一生愛享福，以享受精緻、高級品的物質生活，會打拚程度較鬆懈，努力稍弱。但也一生命好，有屬於自己精神方面的快樂。**有『擎羊、陀、火、鈴、劫、空』同宮時，**便不能享福，有精神痛苦及煩憂。為人較勢利眼。

『紫府同宮』時，愛享受高級的物質生活，一生不愁衣食，可過安逸幸福的好日子，為人較勢利。**有『陀羅、火、鈴、劫、空』同宮**

時，生活較普通，也不算安逸。

『紫相同宮』時，愛享受衣食上高級、精緻的樂趣。特重吃穿，可過安逸生活。**有『羊、陀、火、鈴、劫、空』同宮時，**會懦弱、操勞、無福可享。

『紫貪同宮』時，早年辛勞無福可享，晚年能過好一點的生活。本命桃花多，更增辛勞。**有『羊、陀、火、鈴、劫、空、化忌』同宮時，**辛勞一生，無福可享，多憂愁、較窮。

『紫殺同宮』時，早年辛勞奔勞，晚年可享清福。**有『陀羅、火、鈴、劫、空』同宮時，**無福可享，生活辛苦。

『紫破同宮』時，勞心勞力、花費大、耗財多，天生喜花大錢、喜用貴的錢買自己喜歡的東西、毫無節制，故易窮、不富裕。**有『擎羊、陀羅、火、鈴、劫、空』同宮時，**破財更快，較窮，也享不到財福。

『天機』入福德宮

『天機』單星入福德宮，居廟時，會聰明，有智慧，擁有求知慾和好奇心，會努力工作、辛勤勞碌，到晚年可享清福。**居陷時**，一生辛勞、生活起伏不定，也只有小聰明可用，終身無法享福。

『機陰同宮』時，在寅宮，會奔波勞碌，喜憂心，逃不出憂心的命運。**在申宮**，憂心少，神經大條，較能享受生活的樂趣。**有『陀羅、火、鈴、劫、空、化忌』同宮時**，命中財少，煩惱多、困擾多，內心不平靜。

『機巨同宮』時，一生太聰明，內心是非多，會讓你勞心勞力，無福可享。也會讓你自找麻煩，不放過別人，也不放過自己。**有『擎羊、陀羅、火、鈴、劫、空、化忌』同宮時**，易自殺，或有憂鬱症，也

會財窮，情緒起伏大，很嚇人。

『機梁同宮』時，很喜歡講話，喜為人亂出主意，喜享福，心胸開朗過一生，天生有長輩照顧，雖然照顧不算太仔細、太好，仍能快樂過日子。**有『羊、陀、火、鈴、劫、空、化忌』同宮時，**宜入宗教棲身，會煩惱多，不富裕，較笨，也無長輩貴人緣，也易不婚。

『天機』入福德宮

『太陽』單星入福德宮，居旺時，其人性格開朗、寬宏、不計較他人是非，博愛、坦白，但終日忙碌，如日月穿梭不停，一生勞心勞力，但其他玩樂、衣食的福也會享。**居陷時，**財福差，生活素質差，勞碌一生，享不到福，也易內心憂煩多，不開朗，也不平靜，內心較悶。**有『羊、陀、火、鈴、化忌』同宮時，**易自殺，有精神躁鬱症。**有『天**

空、地劫』在巳宮同宮，亦有精神疾病。**『陽梁同宮』時，**自己很開朗，不在乎受人照顧，喜歡依賴別人照顧，因此能快樂享福過一生。在卯宮，還忙於和貴人或長輩交好。**在酉宮，**很懶惰，會中年失業，失去貴人，也享不到福。**有『擎羊、火、鈴、化忌』同宮時，**內心放不開，有憂鬱症，一生財窮，能力不佳。

『陽巨同宮』時，易勞心勞力，多是非，自找麻煩，也找別人麻煩，內心不清靜，挑剔、嚕嗦，有時又能原諒，一生辛苦，有福不會享。**有『陀羅、火、鈴、劫、空、化忌』同宮時，**會較笨、工作有問題，命中財少，是非更多，心情較悶，有憂鬱症，一生操勞，無所得。

『日月同宮』時，表面溫和、不計較，內心情緒起伏大。表面上愛享福，但精神上很操勞，如日月一般。**在丑宮，**感覺敏銳、內斂、浪漫多情。**在未宮，**感覺不靈敏、較博愛、神經大條。一生都有內心世界幻想多的問題，會不實際，也對自己無利。**有『羊、陀、火、鈴、劫、空、化忌』同宮時，**會刑福、變笨，自我刑剋多，也易有精神疾病，一生享不到福。

『武曲』入福德宮

『武曲』單星入福德宮，本命財多，會較現實，注重利益、計算利益的能力好，喜歡物質享受，會勞心勞力過一生，為個性急躁頑固的人。**有『羊、陀、火、鈴、劫、空、化忌』同宮時，**本命為『刑財』格局的人，會慳吝、小氣、頭腦不好、脾氣壞，享受不到好的物質享受，又易有憂鬱症，較窮或勞碌終身無所得。

『武府同宮』時，好物質享受、生性小氣、吝嗇，早年操勞不停，晚年才能略享清福，命中帶財多，但較自私，不會與人分享。**有**

『擎羊、火、鈴、化忌』同宮時，為窮命，易修道、較笨，火爆，躁鬱症。

『武相同宮』時，一生喜歡衣食享受，喜歡生活上的細節品味，年輕時忙碌，中晚年能過安逸日子。**有『陀羅、火、鈴、劫、空、化忌』同宮時**，較笨，較窮，有精神疾病，生活不舒適，勞心勞力。

『武貪同宮』時，性格強硬，內心耿直，一生勞心勞力過日子。內心貪心多，想要的東西多，故享不到福，會努力上進，喜歡打拚，而操勞不停。**有『火、鈴』同宮**，有暴發運，多得錢財，但也易有躁鬱症，患得患失。**有『化忌、劫、空』同宮時**，無暴發運，有債務糾紛，更煩憂不順。

『武殺同宮』時，內心性格剛強、頑固，本命財不多，故會一生的生活不安定，辛勤苦力在賺錢，會身心勞累，福份薄。**有『擎羊』同**

宮，無福，易折損，喪命，命窮，不善終，被殺。**有『火、鈴、劫、空、化忌』同宮時**，皆因意外或爭鬥而亡。

『武破同宮』時，本命窮，福份淺，易東奔西走，生活不安寧，享不到福。也會內心對別人吝嗇、小氣，自己耗財凶。**有『陀羅、火、鈴、劫、空、化忌』同宮時**，較笨，財少，或工作不力。有精神疾病，或入宗教棲身。

『天同』入福德宮

『天同』單星入福德宮，性格溫和、穩重，待人接物非常世故、老練，做事有條理，能享清福。一生可過安逸日子。**有『羊、陀、火、鈴、劫、空』同宮時**，為『刑福』色彩，無福可享，有傷殘現象，或短命、有精神疾病。

『同陰同宮』時，在子宮，喜享福、慵懶，喜談戀愛、感情濃郁，命中有財，生活中樂趣多。**在午宮**，懶惰及勞碌、享不到福，對人冷淡，人緣不佳。命中財少，生活辛苦，較窮。**有『擎羊、火、鈴、劫、空、化忌』同宮時**，刑福刑財，會較窮又享不到福，辛勞過一生。

『同巨同宮』時，一生是非多，喜歡憂慮、悲傷、憂愁，凡事嚕嗦、挑剔、自找麻煩，一生不快樂，也不輕鬆，無福可享。**有『羊、陀、火、鈴、劫、空、化忌』同宮時**，有傷殘現象，精神也會有問題。

『同梁同宮』時，能清靜、安樂過一生。**在寅宮**，操勞多、享福少。**在申宮**，愛玩、享福多、沒幹勁。皆能為長壽之人。**有『陀羅、火、鈴、劫、空』同宮時**，較笨或脾氣壞又急躁，一事無成。

『廉貞』入福德宮

『廉貞』單星入福德宮，內心多計謀、愛策劃，天生勞心勞力，操勞不停，會忙中享樂，性情易善變，享樂會和物質享受有關。**有『陀羅、火、鈴、劫、空、化忌』同宮時，**較笨，財少，工作不力，有傷剋或精神病。

『廉府同宮』時，喜歡忙中享樂，喜歡物質享受，忙碌也是為了物質享受之故。天生喜歡交際、應酬。因此也更勞碌、奔波。**有『羊、陀、火、鈴、劫、空、化忌』同宮時，**較窮，有意外喪命，無交際、應酬、人緣不佳。

『廉相同宮』時，天生好享受不聰明的福氣，故仍操勞不停，年老時能享清福，內心以衣食為重，未來福好、壽長，可過快樂日子。有擎羊同宮，懦弱勞碌，無福可享。**有『火、鈴、劫、空、化忌』同宮時**，性急，有精神方面的問題。

『廉貪同宮』時，一生勞碌，無福可享，勞心勞力，生活品質不好，內心會貪不該貪的東西，使自己陷於災難不吉。**有『陀羅』同宮**，有爛桃花糾纏，易為無用之人。**有『火、鈴』同宮**，易有暴發運，但也會精神不穩定，**有『天空、地劫』同宮**，宜入宗教棲身。

『廉殺同宮』時，終日東奔西走討生活，無福可享，性格是用腦不多，剛直、肯打拚、保守的人，不會東想西想。**有『羊、陀』同宮**，本命有傷剋不長壽，易遇災而亡，且身體有問題，無福。**有『火、鈴、劫、空』同宮時**，腦子有問題，有精神疾病。

『廉破同宮』時，終日勞神過日子，身體差，煩憂多，耗財多，為錢財勞神，易窮，無福可享。**有『擎羊同宮』**，懦弱、無用、少福、多災，身體傷殘，有病痛及精神痛苦。**有『火、鈴、劫、空、化忌』同宮時**，頭腦不清，有精神疾病。

『天府』入福德宮

『天府』單星入福德宮，喜愛享受物質享受，再窮也會先享受再說。錢花在自己身上不心痛，對別人小氣。亦能樂天知命，忙中偷閒來享福。**有『陀羅、火、鈴、劫、空』同宮時**，會操勞，享不到福，或入宗教棲身享清福，但無財。

『太陰』入福德宮

『太陰』單星入福德宮，居廟時，享福快樂，為一多情、浪漫、愛談戀愛的人，凡事敏感、敏銳，會看人臉色。**居平陷時**，心情懶但身體操勞不停，不浪漫，也不快樂，享福少，亦不敏感。**有『羊、陀、火、鈴、劫、空、化忌』同宮時**，內心多憂慮，或身體傷殘，或易自殺，有精神問題。

『貪狼』入福德宮

『貪狼』單星入福德宮，福份淺，一生勞心勞力，不能安心享福，為一個貪心、不安現狀，又祈求過多之人，對自己的要求高，而勞碌不停。**有『陀羅、火、鈴、劫、空、化忌』同宮時**，內心煩躁，鬱悶，有精神問題。**有『火、鈴』同宮，**有偏財運，但易暴起暴落，也會有精神問題，不能適應。

『巨門』入福德宮

『巨門』單星入福德宮，居廟時，天生口才好、是非多，宜用口才和是非來生財。**居陷時**，口才不佳，是非加倍。此兩種狀況都會使其人勞命奔波，徒勞無功，享受不多。**有『羊、陀、火、鈴、化忌』同宮時**，易窮，或有厭世想法，易自殺。

『天相』入福德宮

『天相』單星入福德宮，居廟時，福份好，一生安逸，享衣食之祿，壽命長、知足常樂且又時髦之人。**居陷時**，一生勞碌、欠安、奔波過日子。**有『羊、陀』同宮**，易有傷災、傷殘，短命之虞。**有『火、鈴、劫、空』同宮時**，有精神疾病。

『天梁』入福德宮

『天梁』單星入福德宮，居旺時，性格溫和，好為人師，喜教導別人，而又希望有貴人來相助自己，一生清閒快樂，不會煩惱太多。**居陷時**，不想管別人，別人也不管你，貴人少，無法過清閒快樂的日子，會很操勞。**有『羊、陀、火、鈴、劫、空』同宮時**，是『刑蔭』格局，勞苦過一生，一生也難成名。

『七殺』入福德宮

『七殺』單星入福德宮，為辛苦、勞碌、愛打拚、忙不完的人。身宮落於福德宮，有『七殺星』的人，為奴僕之人，終身低賤、不富裕。**有『擎羊、陀羅、火、鈴、劫、空』同宮時**，易惡死或暴斃，有傷災、傷殘，也會窮困，不富裕。

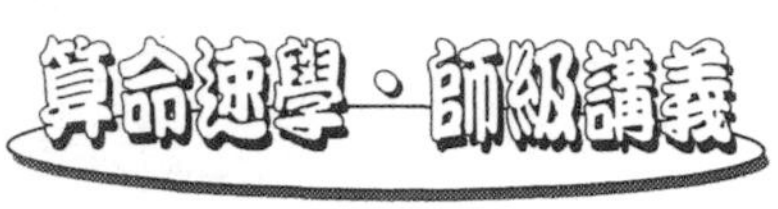

『破軍』入福德宮

『破軍』單星入福德宮，一生辛勞努力，做事嚴謹、自我要求高，絲毫不肯鬆懈、終身忙碌，不會享福。**有『擎羊、陀羅、火、鈴、劫、空』同宮**，會腦子笨，易懦弱無用，或頭腦不清、無福可享，較窮。**有『文昌、文曲』同宮**，終身辛勞、較窮。

『祿存』入福德宮

『祿存』單星入福德宮，為性格保守、小氣、吝嗇、自私、無發展的人。只守著自己的衣食之祿，會操勞不停，但有衣食便不多做了。

『文昌』、『文曲』入福德宮

『文昌』獨坐福德宮，居廟時，有文化修養，相貌美麗、斯文、有氣質，頭腦聰明，有福可享。**居陷時**（在寅、午、戌宮）無福可享，相貌粗俗、較醜，較窮，一生辛勞、無福。

『文曲』獨坐福德宮，居廟時，口才好、才藝多、人緣佳、相貌美麗可愛，有福可享，生活快樂享福。**居陷時**，口才笨拙，無才藝，人緣差，較靜，無福可享，較勞碌、較窮。

『文昌、文曲』並坐福德宮，為『玉袖天香』格局，亦為『桃花』格局，為靠人吃飯，或靠色情關係依賴別人養活過日子的命格。

『左輔』、『右弼』入福德宮

『左輔』或『右弼』獨坐福德宮，會天生需要和人合作或依靠別人來生財或過日子。因此在財運上亦要假他人之手才能獲得。你會有懦弱心態，苟且偷安過日子，也能安逸快樂。

『左輔、右弼』並坐福德宮，為『**桃花格局**』，易靠男女關係、靠人養活過日子。

『擎羊』、『陀羅』入福德宮

『擎羊』、『陀羅』獨坐福德宮，一生辛勞奔波，長期有精神上之痛苦刑剋，且易窮、不富裕。無福可享。

『火星』、『鈴星』入福德宮

『火星』、『鈴星』獨坐福德宮，辛苦操勞，終日忙不停，易有躁鬱症、耗財多，無福可享。

『天空』、『地劫』入福德宮

『天空』、『地劫』獨坐福德宮，頭腦空茫，少想事情，少想錢就少煩惱，一生天馬行空，幻想多，還很快樂。**有『劫、空』二星在巳、亥宮並坐入福德宮時**，易有精神疾病，頭腦不清。

事業衝鋒 必勝祕笈

你的『財庫』有多大

12. 父母宮的內容訣竅觀看法

『父母宮』：可看和父母的關係好壞，及幼年家境，父母的職業，地位如何？以及和長輩、上司、老闆之間的關係，也可看出和比自己年紀大一點的人和自己的關係好壞。

『紫微』入父母宮

『紫微』單星入父母宮獨坐時，與父母感情好，父母是你的貴人，一生對你照顧周詳，父母地位高，教養好。你幼年環境甚佳。**有『擎羊、火、鈴、劫、空』同宮時**，家境普通，父母地位不高，和你也是表面關係。

『紫府同宮』時，父母較富裕，對你有金錢資助，你與父母感情好。但父母會小氣，只給你生活之需的金錢，多了不給。**有『陀羅、火、鈴、化忌』同宮時**，父母與你感情不佳，也財不多，給你錢少了。

『紫相同宮』時，父母對你還算好，會為你做一些事，父母且易是名門後裔，受父母照顧很多，父母也能安享天年。**有『羊、陀、火、鈴、劫、空』同宮時**，父母較窮、懦弱，也對你不好，親子關係不佳。

『紫貪同宮』時，父母與你心靈不能溝通，感情不融洽。父母是高尚在上、霸道的人。**有『擎羊、火、鈴、劫、空』同宮時**，父母和你感情更壞，衝突常起。

『紫殺同宮』時，父母忙碌，與父母之一不合，父母是高高在上，對你冷淡的人。**有『陀羅、火、鈴、劫、空』同宮時**，父母之一會早逝，父母不全。

『紫破同宮』時，早年即和父母不和，相互剋害，多爭執、爭吵。**有『羊、陀、火、鈴、劫、空』同宮時**，與父母生離死別、緣份低。

『天機』入父母宮

『天機』單星入父母宮，居廟時，父母聰明，有智慧，是薪水族的人，對人溫和，有禮貌，也會對子女呵護備至、注重教育。**居陷時**，父母不聰明，與你關係也不好，家境貧寒。父母職位低、薪水不多。**有『羊、陀、火、鈴、劫、空、化忌』同宮時**，與父母相互剋害，不和、緣份薄，幼年得不到照顧，年長工作也和上司易起衝突，工作不順利。也易是改姓、寄養或招贅之人。

『機陰同宮』時，父母易情緒起伏多變。**在寅宮**，父母是易奔波的薪水族，但薪水尚豐，對你還不錯。**在申宮**，父母薪水少，對你較冷淡。**有『陀羅、火、鈴、劫、空、化忌』同宮時**，父母對你不好，也會較窮，為生活奔勞。

『機巨同宮』時，父母為高知識份子，或做高科技人員。父母聰明，但是非多，對你管教凶，父母感情不睦，你也與父母感情不深厚。**有『擎羊、火、鈴、化忌』同宮時**，易與父母生離死別，會送人做養子。

『機梁同宮』時，能從小受父母照顧，父母長壽，父母並不富裕，但對你很好。**有『擎羊、陀羅、火、鈴』同宮時**，父母對你不佳，也感情不睦。

『太陽』入父母宮

『太陽』單星入父母宮，居廟、居旺時，父母對你好，父母心地善良，為人忠厚、慈愛、寬宏，能包容你的過失，一生對你好。父母也事業成就好，是開朗、豪爽、聰明之人。居陷時，父母事業不佳，心情悶、不開朗，不太管你，情份較薄。**有『羊、陀、火、鈴、化忌』同宮時，**和父親不合，一生少關愛，也會和長輩關係皆不好。

『陽梁同宮』時，受父母恩澤大，父母悉心照顧、呵護，一生享福之人。**有『擎羊、火、鈴、劫、空』同宮時，**照顧不佳，和父母不和，不喜照顧。

『陽巨同宮』時，易與父母爭吵，父母是管教嚴、愛嘮叨的人。且易與父親不和，有爭執。**在寅宮，**父母還算寬宏，會原諒你。**在申**

宮，父母不想理你。**有『陀羅、火、鈴、化忌』同宮時**，父母較窮，也與你不合，你易離家發展。

『太陽、太陰』同宮時，父母情緒起伏大。父母是公務員或薪水族。**在丑宮**，與母親親密，與父親不合，家境較富裕。在未宮，與父親親密，與母親不合。家境較清寒。**有『羊、陀、火、鈴、化忌』同宮時**，家境不好，也與父母都不合。未來也會找到窮老闆。

『武曲』入父母宮

『武曲』單星入父母宮，表示父母較有錢，或父母是軍警、政治方面的人物，或是生意人。父母忙碌、性格剛直，與你感情不好。但父母是行事謹慎，對子女關懷倍至的人。**有『羊、陀、火、鈴、劫、空、化忌』同宮時**，父母是財窮，或有財務問題的人，與你不合，對你較凶、緣薄。

『武府同宮』時，父母為軍警業或保守的人，也可能為金融業、公教人員。父母會對你好，全力資助你讀書、生活。父母性格保守、小氣、節儉，只會做能力所及之事來對你好，不會超出範圍。**有『擎羊、化忌、陀、火、鈴』同宮時，**父母窮，也會暇顧及你，會對你很壞，傷害你。

『武相同宮』時，父母為小有資產，生活平順、注重生活品質的人，會對你好，有資金助你，但不多。你和父母感情好，能相互照顧。**有『陀羅、火、鈴、劫、空、化忌』同宮時，**父母窮，且對你不好。

『武貪同宮』時，父母性剛直、強硬，不瞭解你，但富裕，你與父母不能溝通，彼此有代溝不合。**有『羊、陀、火、鈴、化忌』同宮時，**父母不富裕，且易有債務糾紛，和你也不和。

『武殺同宮』時，父母窮、又凶，對你不好。父母易是軍警業，或感情不善表達的人。你有事也不會跟他們講。**有『擎羊、火、鈴、化忌』同宮時**，父母窮，有債務問題，會牽連到你，使你也生活難過很艱辛。

『武破同宮』時，父母窮，對你冷淡、不關心。父母易是軍警業的人。你與父母緣份淡，會有衝突，易自小分離，父母離異，或父母之一早逝。**有『陀羅、火、鈴、化忌』同宮時**，父母窮，或有生離死別之事。

『天同』入父母宮

『天同』單星入父母宮，受父母關愛，父母是溫和、慈祥、老實，做人世故的人，一生對你寬宏疼愛。**有『羊、陀、火、鈴』同宮**

時，父母有傷殘或不全，也無法細心照顧你。

『同陰同宮』時，**在子宮**，與父母感情深厚，尤其母親對你特別好，家財多，小時你很幸福。一生都享受父母寵愛。**在午宮**，父母較窮，你尤其和母親不和。父母對你冷淡。**有『擎羊、火、鈴、化忌』同宮時**，你與父母關係差，和母親敵對，父母也會窮，幼時無家庭幸福，未來也易找到窮的老闆。

『同巨同宮』時，與父母感情薄弱，常有口舌是非，父母會嘮叨、挑剔。外表溫和但私下嚴厲。**有『羊、陀、化忌、火、鈴』同宮時**，與父母無緣，彼此相剋，不常見面。父母也會不長壽，父母不全。

『同梁同宮』時，會受父母疼愛、照顧。**在寅宮**，父母照料備至。**在申宮**，父母溫和，是個老好人，但不太會幫忙。皆與父母親密，能奉養父母。**有『陀羅、火、鈴』同宮時**，與父母關係普通，但仍不太壞。

『廉貞』入父母宮

『廉貞』單星入父母宮，與父母不合，父母之間也不合，彼此難以協調。父母為較自私、自我本位主義強、內向、陰沈的人。也會時起爭執。家中爭鬥多。**有『陀羅、火、鈴、化忌』同宮時，**不來往，或生離死別。

『廉府同宮』時，父母對你好，自幼很讓父母操心，父母是有小康富裕之人，一生也富足，能資助你。**有『羊、陀、火、鈴、化忌』同宮時，**父母與你緣份薄，會早逝或不合，相互爭鬥遭災。

『廉相同宮』時，父母性格老實、內斂、性格悶，你幼年會讓父母操心擔憂，父母一生都支持你，你與父母會相處親密。**有『擎羊、火、鈴、化忌』同宮時，**父母窮，懦弱，能力不佳，也無法支持你，相互衝突、不和。

『廉貪同宮』時，與父母相處不佳，常爭吵不休，父母是環境不好、品行不好，人緣不佳的人，父母易離異，家庭也窮困、破碎。**有『陀羅』同宮**，父母有爛桃花而影響家庭。**有『火、鈴、化忌』同宮時**，父母不合，也易離開。

『廉殺同宮』時，父母文化水準不高，是勞工階級，生活較困苦，會用勞力打拚。父母與你緣薄，會不理你或傷害你。**有『羊、陀、火、鈴、化忌』同宮時**，要小心有虐待事件，或父母不全，早逝的狀況。

『廉破同宮』時，父母會離婚，家庭易破碎，家窮、父母窮，且文化水準不高，父母是能力差，工作不穩定的人，幼年生活不佳，未來你也身體不好，遺傳因子不好。與父母緣薄，易離家發展為佳。**有『擎羊、火、鈴、化忌』同宮時**，父母不全，緣份薄，或與父母衝突、不合。

『天府』入父母宮

『天府』單星入父母宮，父母是性格穩重、和氣，做事講求規矩、正派，事事算計清楚，不會吃虧，也不喜佔便宜的人，很會存錢，生活過得很富裕、舒適，對你也愛護備至。**有『羊、陀、火、鈴』同宮時**，父母不太富裕，對你的感情也不深，會有金錢問題，也會和你在金錢方面有衝突。

太陰入父母宮

『太陰』單星入父母宮，居廟時，父母是陰實富裕的人，母親對你最好。對你呵護備至，特別體貼，寵愛你。幼年你生活愉快。**有『陀羅、火、鈴、化忌』同宮時**，則父母不算富裕，也對你不算愛護了。

『太陰居陷』時，父母較窮，你也與母親感情不佳。**再有『羊、陀、火、鈴、化忌』同宮時**，與母親相剋不合，或隨母親改嫁，生活不好。

『貪狼』入父母宮

『貪狼』單星入父母宮，與父母緣份淺，與父母不能溝通，感情無法交流。父母是頑固顢頇自大的人，根本不在乎你的感受。居平時，亦可能為人養子、養女，父母是唯我獨尊的人。**有『羊、陀、火、鈴、化忌』同宮時**，父母人緣不佳，更不會溝通，還會和你有衝突不和，你會早早離開家。

『巨門』入父母宮

『巨門』單星入父母宮，居廟時，父母愛管你是對你好，但父母之間是非糾紛多，常有爭執。父母也易離異而傷害到你。**居陷時**，父母較嚴厲，你會和父母生離死別、緣份淺。**有『羊、陀、火、鈴、化忌』同宮時**，易父母不全或會做人養子、養女。仍和父母感情不佳，易早日離家獨立。

『天相』入父母宮

『天相』單星入父母宮，父母品格正派、高尚，做事明理。**居廟時**，父母身材高、胖，父母是熱愛衣食享受的人，也會在生活上照顧你很好。**居陷時**，父母身材瘦小、較窮，又愛嘮叨，與子女感情仍尚好。**有『擎羊、陀羅、火、鈴』同宮時**，父母懦弱、無用、較窮、能力差，也會和子女關係不佳。

『天梁』入父母宮

『天梁』單星入父母宮，居旺時，父母長壽，父母很會照顧你，與父母緣份深，感情親密。**居陷時，**父母照顧你不周，緣份淺。**有『擎羊、陀羅、火、鈴』同宮時，**會由他人帶大，或做養子、養女，過繼他人。

『七殺』入父母宮

『七殺』單星入父母宮，父母較凶，會固執、任性，對你較嚴格，不慈愛。親子關係不和睦，亦會有父母生離情形。**有『羊、陀、火、鈴』同宮時，**父母不全，有生離死別之狀況。

『破軍』入父母宮

『破軍』單星入父母宮，父母意見不一，感情欠和，但對世事洞悉力很強，父母易離異，家庭易破碎，或你與父母緣份淺，易即早離家。**有『羊、陀、火、鈴、劫、空、化忌』同宮時，**父母不全，或生離死別，沒緣份。

『祿存』入父母宮

『祿存』單星入父母宮，易為養子、養女，或父母是性格保守、老實，內斂、話不多，懦弱，小心謹慎，財不多的人。你與父母緣份不深，相處狀況不好，也不壞。父母之一也易早逝。

『文昌』、『文曲』入父母宮

『文昌』獨坐父母宮，居廟時，父母長相斯文、精明、財力好，也會對你照顧有加。**居陷時**，父母為長相粗俗，文化素養不高，賺錢少，對你也少照顧。

『文曲』獨坐父母宮，居旺時，父母口才好，人緣好，才藝佳，與子女感情好。**居陷時**，口才差，才藝不佳，與子女感情不佳。

『左輔』、『右弼』入父母宮

『左輔』、『右弼』單星入父母宮，表示你易是別人帶大的小孩，幼時和父母不親，長大後回到父母身邊，仍能有父母的幫助。但與父母聚少離多。

『擎羊』、『陀羅』入父母宮

『擎羊』獨坐父母宮，與父母有刑剋，易與父母生離死別，或父母之一身體不佳。父母做軍警業，聚少離多較佳。

『陀羅』獨坐父母宮，父母較笨，父母可做軍警業為佳，會與父母有生離死別之事，以離開父母獨立生活較好，否則父母會身體不好，也容易做人養子，改姓。

『火星』、『鈴星』入父母宮

『火星』、『鈴星』單星入父母宮，父母中必有一位身體不佳，主刑剋。亦會二姓延伸，父母是脾氣壞、暴躁的人，也易常不在家。會突然出現，或突然不見離開了，與你緣份薄。

算命速學・師級講義

『天空』、『地劫』入父母宮

『天空』、『地劫』獨坐父母宮，表示與父母感情淡薄，少見面，或父母之一早逝。你也容易做人養子女。**若『天空』、『地劫』二星在巳、亥宮並坐父母宮時**，表示父母雙亡，或與父母分離，不住在一起了。有此父母宮，再加上身體不佳有重病的小孩，自己也易早夭。

※父母宮為『空宮』無主星時，請以對宮（疾厄宮）的星曜相照過來，來觀看與父母的關係好壞。

※如欲繼續推算運勢好壞，以及擇日、預測未來，請看法雲居士著

《如何推算大運、流年、流月》上、下冊。

吉人天相保平安

法雲居士⊙著

天災人禍常常是人類防不慎防的恐懼事件。日本 311、美國 911、台灣 921、南亞海嘯，無論是海嘯、原發幅射、恐怖攻擊、大地震，亦或是精神疾病、傷災、車禍對人的攻擊、侵襲，在在都會戕害人類的生命，傷害人類的肉體、心靈。

在這個混沌的世界裡，要如何做一個『吉人』？吉人自有天相，來保護自己的平安，預先掌握天機。

法雲老師教你趨吉避凶的方法，
教你找到自己的好時間。
來做一個真正的『吉人』自保平安。

致富達人招財術

法雲居士⊙著

『致富』是人生的功課，必須做到最優等。『招財』是人生的目的，也必須全方位面面俱到。但『致富』和『招財』，始終是多數人心中的疑惑與茫然。如何讓『致富過程』與『招財術』成為你一生的快樂法寶，讓你一生不匱乏，富貴永昌的過日子？如何讓『致富術』與『招財術』成為你人生增高的企機？

法雲居士在這本『致富達人招財術』中會清楚明確的提供了發財的方法，和真正『招財術』的技巧。讓你完成『致富達人』速成的絕招！

姓名轉運術

法雲居士⊙著

利用『姓名』來改運、轉運，
古往今來都是常有的事！
但真要使『好姓名』達到增強旺運的功能，
必須有許多特殊的轉運技術才行。

『姓名轉運術』
是一本教你可以利用特殊命理的方法，
以及中國文字的特殊五行陰陽智慧，
及納音聲轉效果來達成轉運、改運目的。
替改運者，重建一個優質的磁場環境，
而完成今世世界高規格的生活目的，
增進你的財富與事業成就。

天生財富總動員

法雲居士⊙著

每一個人、天生本命中都有很多財富，
但是每個人並不一定知道屬於自己的財富
在那裡？你的財富是藏在智慧裡？
藏在工作中？藏在享受中？
還是藏在父母、小孩或六親的身上？

這本『天生財富總動員』
幫你找出自己天生的財富到底有多少？
也幫你找出自己天生的財富到底儲存在何處？
讓你的天生財富動員起來吧！
再次創造一個美麗的人生。

戀愛圓滿—愛情繞指柔

法雲居士⊙著

愛情是『人』的精神層面之大宇宙。
缺少愛情，人生便會死寂一片，空泛無力。在人生中，你會遇到什麼樣的愛情對手？你的『愛情程式』又是什麼型式的？
是相愛無怨尤的？還是相煎何太急的？
你的『愛情穩定度』是什麼方式的？
是成熟型有彈力的？還是斷斷續續無疾而終的？你想知道『花心大蘿蔔』的愛情智商有多高嗎？在這本書中會有讓你意想不到的噴飯答案。

法雲老師用紫微命理的架構，把能夠讓你〝愛情圓滿〞的秘方，以及讓戀愛對方服貼的秘方告訴你，讓你能夠甜蜜長長久久！

機月同梁格會主宰你的命運

法雲居士⊙著

『機月同梁格』在紫微命理中是非常重要的命理格局。它是一個能使人有穩定工作、及過平順生活的格局。不僅是只能過薪水族生活的格局而已！它會在每個人的命盤中出現，而且各人的格局形式與星曜旺弱都不一樣，代表了每個人命運凶吉刑剋。

此格局完美的人能做大事成大業，能由經年累月累積財富，或由經驗累積而功成名就。法雲老師用自己的經驗和體會，以及長期研究紫微命理的心得寫下此書，獻給一些工作事業起伏不定的朋友們，以期檢討此人生格局後再出發，創造更精彩的人生！

紫微斗數精華篇

法雲居士⊙著

學了紫微斗數卻依然看不懂格局，不瞭解星曜代表的意義，不知道命程形局的走向，人生的高峰時期在何時？何時是發財增旺運的好時機？考試、升職的機運在何時？何時才會交到知心的好朋友？
一生到底能享多少福？成就有多高？不管問題是你自己的，還是朋友的，
你都在這本書中找得到答案！

法雲居士將紫微斗數的精華從實用的角度，來解答你的迷惑，及解釋專有名詞，讓你紫微斗數的功力大增，並對每個命局瞭若指掌，如數家珍！

賺錢工作大搜查

法雲居士⊙著

在命理學中，人天生是來『賺錢』的！人也天生是來工作的！
但真正賺錢的工作是由『命』來決定的！
『命』是由時間關鍵點所形成的氛圍，及人延伸出的智慧。

因此每個人都有屬於自己專屬的
賺錢之路和工作。

法雲居士用紫微命理幫你找出發財之路，
並且告訴你何時是事業上的高峰，
何時能直上青雲，擁有非凡成就。

對你有影響的

上、下冊

法雲居士⊙著

每一個人的命盤中都有七殺、破軍、貪狼三顆星，在每一個人的命盤格中也都有『殺、破、狼』格局，『殺、破、狼』是人生打拼奮鬥的力量，同時也是人生運氣循環起伏的一種規律性的波動。在你命格中『殺、破、狼』格局的好壞，會決定你人生的成就，也會決定你人生的順利度。『殺、破、狼』格局既是人生活動的軌跡，也是命運上下起伏的規律性波動。但在人生的感情世界中更是一種親疏憂喜的現象。它的變化是既能創造屬於你的新世界，也能毀滅屬於你的美好世界，對人影響至深至遠。

因此在人生中要如何把握『殺、破、狼』的特性，就是我們這一生最重要的功課了。

對你有影響的

法雲居士⊙著

在每個人的命盤中，都有紫微、廉貞、武曲三顆星，同時這三顆星也具有堅強的鐵三角關係，會在三合宮位中三合鼎立著，相互拉扯，關係緊密、共同組織、架構了你的命運。這也同時，紫微、廉貞兩顆官星和武曲一顆財星，也共同主宰了你的命運！當命盤中的紫、廉、武有兩顆以上居旺時，你的人生就會富足的多，也事業順利、有成就。要看命好不好？就先從你命盤中的這三顆星來分析吧！

星曜特質系列書包括：『殺、破、狼』上下冊、『羊陀火鈴』、『十干化忌』、『權、祿、科』、『天空、地劫』、『昌曲左右』、『紫、廉、武』、『府相同梁』上下冊、『日月機巨』、『身宮和命主、身主』。此套書是法雲居士對學習紫微斗數者常忽略或弄不清星曜特質，常對自己的命格有過高的期望或過於看輕的解釋，這兩種現象都是不好的算命方式。因此以這套書來提供大家參考與印證。

理財贏家非你莫屬

法雲居士⊙著

『理財』要做贏家，
就是要做『富翁』的意思！
所有的『理財贏家』都有自己出奇致勝的絕招。
有的人就知道自己的財富寶藏在那裡，
有的人卻懵懂、欠學，理財卻不贏。

世界上要學巴菲特的人很多，
但會學不像！

法雲居士用精湛的紫微命理方式，
引導你做個『理財贏家』從此改變人生，
也找到自己的富翁之路。

如何選取喜用神
上、中、下冊

法雲居士⊙著

(上冊)選取喜用神的方法與步驟。
(中冊)日元甲、乙、丙、丁選取喜用神的重點與舉例說明。
(下冊)日元戊、己、庚、辛、壬、癸選取喜用神的重點與舉例說明。
每一個人不管命好、命壞，都會有一個用神與忌神。喜用神是人生活在地球上磁場的方位。喜用神也是所有命理知識的基礎。及早成功、生活舒適的人，都是生活在喜用神方位的人。運蹇不順、夭折的人，都是進入忌神死門方位的人。門向、桌向、床向、財方、吉方、忌方，全來自於喜用神的方位。用神和忌神是相對的兩極。一個趨吉，一個是敗地、死門。兩者都是人類生命中最重要的部份。你算過無數的命，但是不知道喜用神，還是枉然。法雲居士特別用簡易明瞭的方式教你選取喜用神的方法，並且幫助你找出自己大運的方向。

如何推算大運流年、流月

上、下冊

法雲居士⊙著

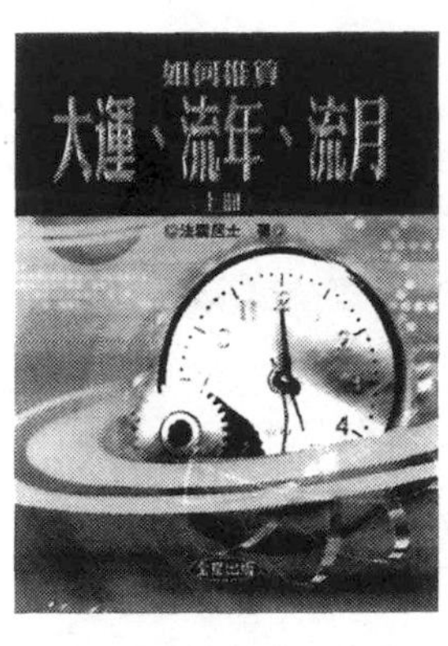

全世界的人在年暮歲末的時候，都有一個願望。都希望有一個水晶球，好看到未來一年中跟自己有關的運氣。是好運？還是壞運？

這本『如何推算大運、流年、流月』下冊書中，法雲居士利用紫微科學命理教您自己來推算大運、流年、流月，並且將精準度推向流時、流分，讓您把握每一個時間點的小細節，來掌握成功的命運。

古時候的人把每一個時辰分為上四刻與下四刻，現今科學進步，時間更形精密，法雲居士教您用新的科學命理方法，把握每一分每一秒。在每一個時間關鍵點上，您都會看到您自己的運氣在展現成功脈動的生命。

法雲居士利用紫微科學命理教你自己學會推算大運、流年、流月，並且包括流日、流時等每一個時間點的細節，讓你擁有自己的水晶球，來洞悉、觀看自己的未來。從精準的預測，繼而掌握每一個時間關鍵點。

交友發財術

法雲居士⊙著

這本『交友發財術』，是教你如何以朋友關係而發財的書籍。在人命中，朋友關係是人生的輔助力量！是和兄弟關係同等重要的關係！能讓你發財的朋友就是你的『貴人』！常讓你吃虧生氣的朋友就是『損友』！每個人的一生中都有欣逢貴人、交友發財的企機！但看你如何掌握、應用！

『交友發財術』就是一本讓你掌握到『時間』關鑑點，而能運用朋友貴人的力量，改變自己人生層次、更上一層樓的一本書！法雲居士用紫微命理的方式，幫助你『交友發財』！

法雲居士⊙著

人人都想『轉運』！運氣不好的人想『轉運』！運氣還不錯的人想『轉運』轉得更好！『轉運』之後，人的運氣是否真能改觀呢？『轉運』就是改思想、改智慧、改做事的方法，自然也會改脾氣！改忍耐力、改決定性的關鑑『時間』！更改變『環境』位置與『空氣』氣氛。從科學方面來講：也就是把『時間』、『空間』、『精神領域』轉到好的方位。從中國人的傳統智慧來說：就是掌握『天時、地利、人和』的企機。

法雲居士用紫微命理的方式，幫助你『轉運』成功，大展出頭天！

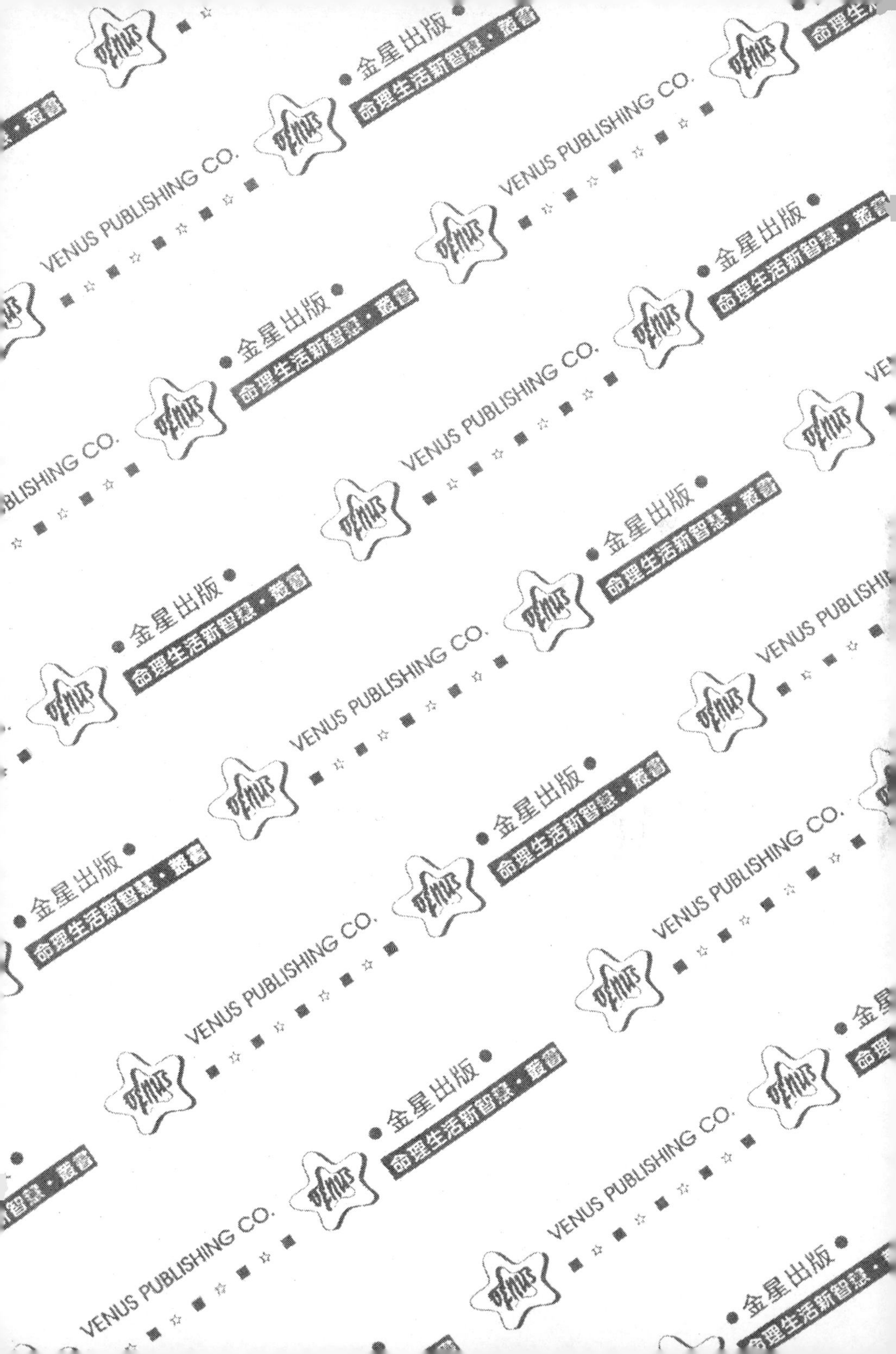

VENUS PUBLISHING CO.
金星出版
命理生活新智慧・叢書